张氏秘宗易筋经

张氏秘宗易筋经

ZHANGSHI MIZONG YIJINJING

侯雯 编著

张氏 秘宗易筋经

河南科学技术出版社
· 郑州 ·

图书在版编目（CIP）数据

张氏秘宗易筋经 / 侯雯编著. —郑州：河南科学技术出版社，2014.5（2016.10 重印）
ISBN 978-7-5349-6861-7

Ⅰ. ①张… Ⅱ. ①侯… Ⅲ. ①易筋经（古代体育）- 基本知识
Ⅳ. ① G852.6

中国版本图书馆 CIP 数据核字（2013）第 320082 号

出版发行：河南科学技术出版社
地址：郑州市经五路 66 号 邮编：450002
电话：（0371）65737028 65788633
网址：www.hnstp.cn
策划编辑：韩雅楠
责任编辑：朱江涛
责任校对：李振方
封面设计：朱 婧
版式设计：王高峰
责任印制：张艳芳
印 刷：河南新达彩印有限公司
经 销：全国新华书店
幅面尺寸：170 mm×240 mm **印张：**15.75 **字数：**210 千字
版 次：2014 年 5 月第 1 版 2016 年 10 月第 2 次印刷
定 价：32.00 元

中华武术经典珍藏丛书编委会

（排名不分先后）

图 1

1. 清乾隆年间，“金阊名师张大用，名列十八名师中第三手。张得少林嫡派真传，其技超群逸伦”。(图 1)

图 2

2. 传说张大用擅长少林易筋经，“气力千钧”“手不畏刀斧，视寻常锋利如枯朽物”“侧掌可断牛颈”。（图 2）

图 3

3. 传说张大用“井掌可贯牛腹”。（图3）

图 4

4. 传说张大用“探手能拈翔燕，志其左右足爪之尖，十不失一；腾身取游空之蜻蜓，翅足无损”。（图4）

图 5

5. 当时多有武师不服张大用，或挑战之，或偷袭之，往往未见张用何招，即已跌出丈外。（图 5）

图 6

6. 清嘉庆年间，武术学者祝文澜综张大用之《易筋经（留本）》与其妹婿姚瀛三家藏之《易筋经（姚本）》，合编成《张氏秘宗易筋经》。本著即取其中易学易练者重新编写和绘图，供易筋经爱好者参考。（图 6）

目　　录

第一章 静功十势

静功十势，易筋经内功之一，其特点静、松、整，久习可增强内劲。

【预备势】

1. 两脚并步正身直立，双臂自然垂于体侧，呼吸自然，目视身前一尺之地。（图 1–1）

2. 两脚尖外摆成八字步站立；两臂屈肘，两掌抱于小腹前，左掌心贴抱右掌背，掌心向上；双目微闭，舌舐上腭，意守丹田，静心调息。（图 1–2）

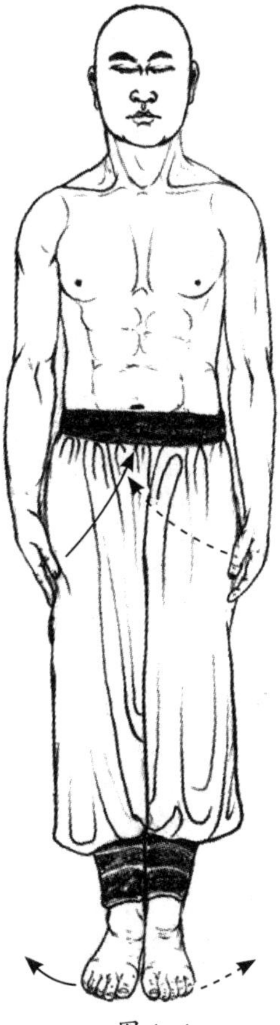

图 1–1

图 1–2

第一节 韦驮捧杵势

八字步正身直立；两掌上收胸前合掌，两臂成环状，指尖高与鼻尖平；静心调息，共做 36 息（一呼一吸为一息）。（图 1–3）

图 1–3

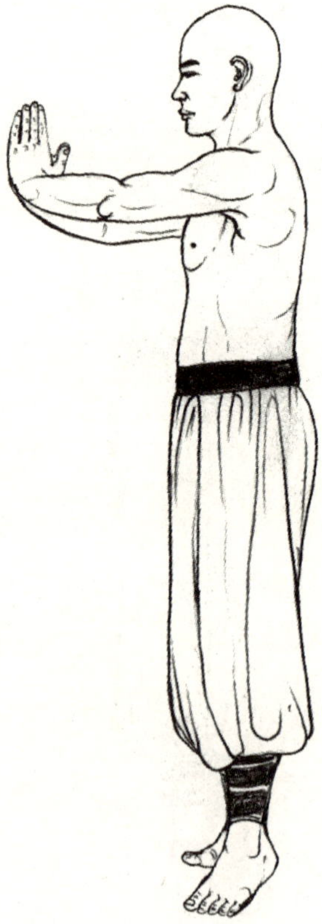

图 1–3 附

第二节 独立金刚势

1. 接上势，合掌于胸前不变；左腿独立支撑，右腿缓缓屈膝提起。做好姿势后，静心调息，共做 18 息。（图 1–4）

2. 换右脚独立势，与左脚独立相同，唯方向相反；静心调息，共做 18 息。（图 1–5）

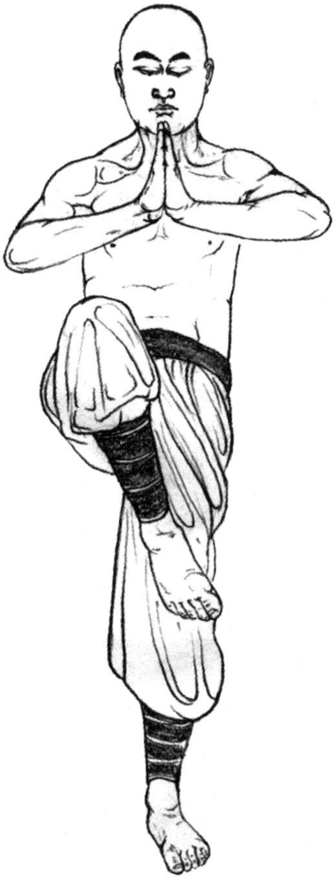

图 1–4

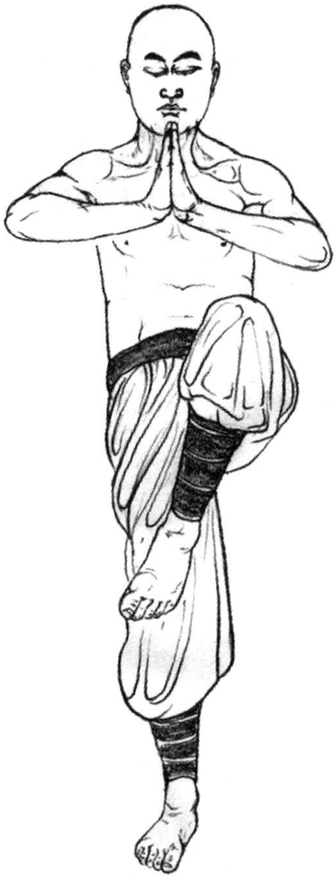

图 1–5

第三节　降龙势

1. 左弓步站立，上体向左转约 90 度，成右插步势；同时，左掌向臀左后方撑出，掌心向后，指尖向下；右掌向右上侧撑出，虎口向下，指尖向左；头左转，目视左掌。姿势做好后，开始调息，两臂和两掌左右撑紧，共做 18 息。（图 1-6）

2. 接着做右弓步势，动作与左弓步势相同，唯方向相反。静心调息，共做 18 息。（图 1-7）

图 1-6

图 1-7

第四节 伏虎势

1. 左半马步蹲立；两掌成虎爪，屈肘举臂于左右侧上方，掌心向上，爪尖向上，两虎口遥遥相对；目视左前方。姿势摆好后，静心调息，共做 18 息。（图 1–8）

2. 接着，换做右半马步，与左半马步动作相同，唯方向相反；静心调息，共做 18 息。（图 1–9）

图 1–9

图 1–8

第五节 天地趸势

两脚开步比肩宽，脚尖外摆成八字，脚前掌、脚趾撑地，脚跟提起；双掌合于胸前。重心缓缓下沉，双腿屈膝蹲成马步，臀部尽量下坐；姿势摆好后，静心调息，共做 38 息。（图 1–10）

图 1–10

第六节 虎坐势

1. 左半马步蹲立，身体重心落于右腿；两手成虎爪垂于身体左右侧，掌心向下，虎口均向左前方；目视左前方。姿势摆好后，静心调息，共做 18 息。（图 1–11）

2. 接着，换做右半马步，与左半马步动作相同，唯方向相反。静心调息，共做 18 息。（图 1–12）

图 1–11

图 1–12

第七节 龙吞势

1. 右弓步站立，上体略左转，面向正前方，左膝略成跪步状，小腿与地面成 30° 角，左掌垂于裆前，掌心向前；右掌护于左肩前，虎口向下，指尖向左，屈臂平直于胸前。目视前方。姿势摆好后，静心调息，共做 18 息。（图 1–13）

2. 接着，换做左弓步势，与右弓步动作相同，唯方向相反；静心调息，共做 18 息。（图 1–14）

图 1–13

图 1–14

第八节 御风渡江势

1. 八字步正身直立，合掌于胸前，同“韦驮捧杵势”。右脚略横置，左脚前顺成丁字步状，势如“达摩一苇渡江”之神态，目视左前方；姿势摆好后，静心调息，共做 18 息。（图 1−15）

2. 只将两脚互换位置，成右丁字步势；静心调息，共做 18 息。（图 1−16）

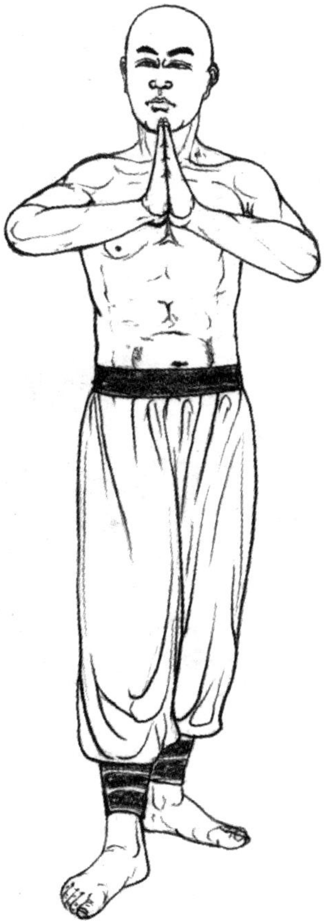

图 1−16

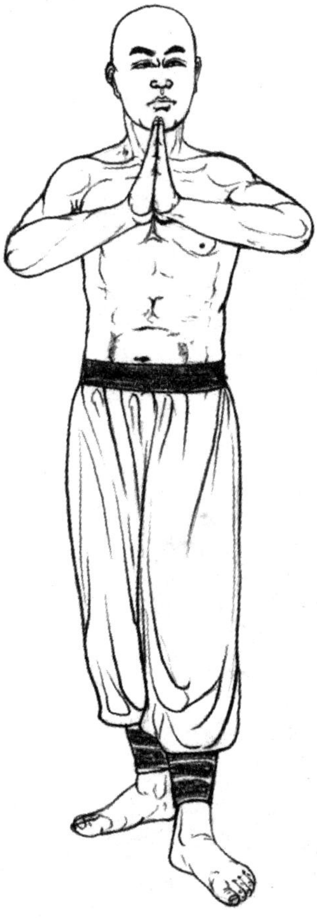

图 1−15

第九节 回回指路势

1. 左插步站立，右膝屈蹲，左膝略跪，上体右转；右臂屈肘，肘尖对右腰侧，前臂平腰，右掌成剑指，虎口向上，指尖向右后侧方；左掌护于右肋侧，掌心向下；目视右手。姿势摆好后，静心调息，共做 18 息。（图 1–17）

2. 接着，换做右插步势，与左插步动作相同，唯方向相反；静心调息，共做 18 息。（图 1–18）

图 1–17

图 1–18

第十节 观空势

1. 右半马步蹲立；两掌屈臂成托物状，略高于头部，两掌心向上，指尖分别向左右；仰头目视空中。姿势摆好后，静心调息，共做 18 息。（图 1-19）

2. 接着，换做左半马步势，与右半马步势相同，唯方向相反；静心调息，共做 18 息。（图 1-20）

图 1-20

图 1-19

第二章　动功十八势

古谱载：

静功既毕，手足骨髓之力已充，复接动功以达皮肉，而合内外。

日行三次，十月功成。如惜岁月，则静功百日之后，加入此功，相间兼行亦可。成后亦宜时时习练，久久愈妙。

下面将动功十八势解之，以供参习。

第一节 鹤舞势

1. 立正姿势，两脚尖外摆成八字，脚跟靠拢；两臂自然垂于体侧；呼吸自然，目视前方。（图 2−1）

2. 左脚向左横开一步，两脚间距比肩略宽。（图 2−2）

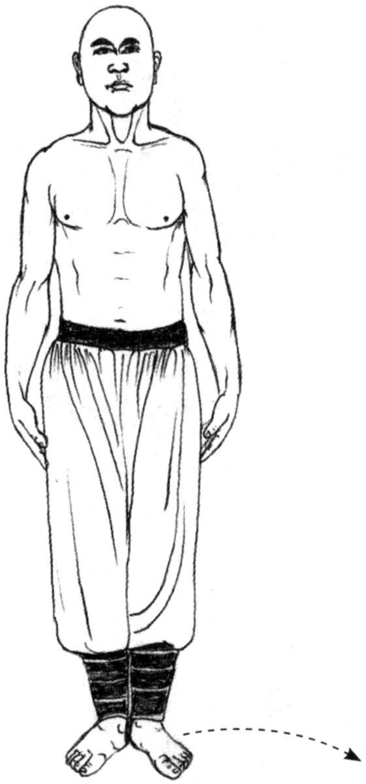

图 2−1

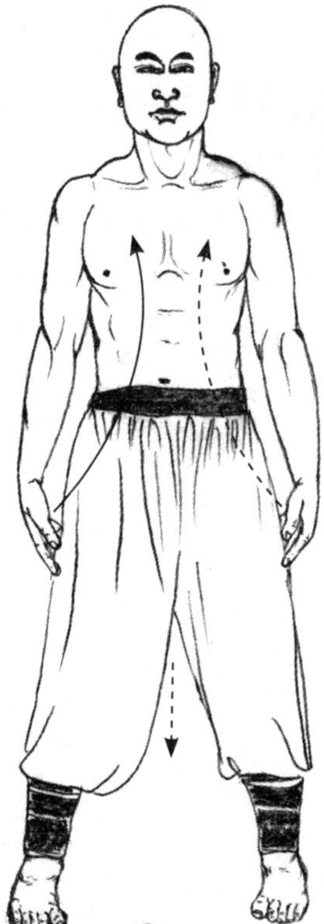

图 2−2

3. 两脚跟略外展，屈膝下蹲成马步；两掌握固，屈臂上抬于胸前，两肘平肩，拳面相对，拳心向下；同时，将气提至胸间，目视前方。（图2–3）

4. 两拳及前臂内旋，伸指成掌，掌心向前，指尖相对，虎口向下。（图2–4）

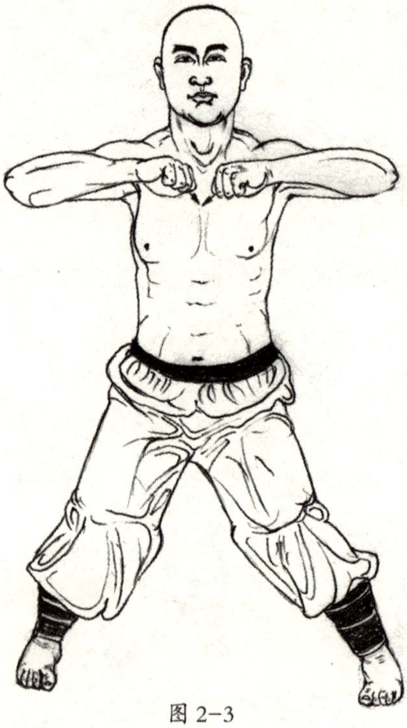

图 2–3

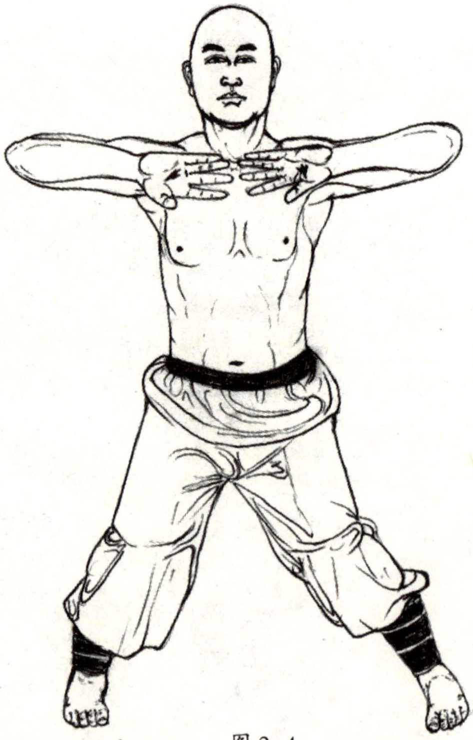

图 2–4

5. 两掌向前推出，直至双臂伸直后守住；意想两臂向后拉劲，两掌向前推劲，共 10 次。呼吸自然，目视掌背。（图 2–5）

6. 双掌收回于胸前，转掌成掌心向上，指尖相对；目视前方。（图 2–6）

图 2–6

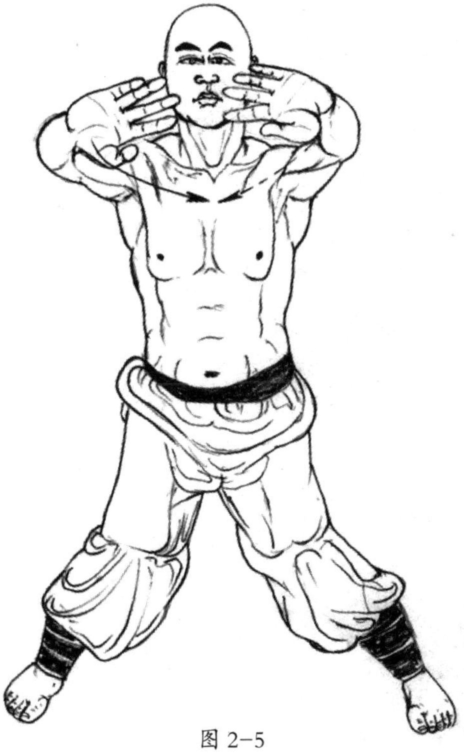

图 2–5

7. 两掌内旋，十指张开，掌心向下时，两掌用力向下按，至两臂伸直，意想用劲将双掌推入地面；马步姿势不变，目视前方。（图 2–7）

8. 然后，松劲，两掌翻转，上收于胸前，指尖相对，掌心向上；目视前方。（图 2–8）

两掌如此一上一下共做 3 次。

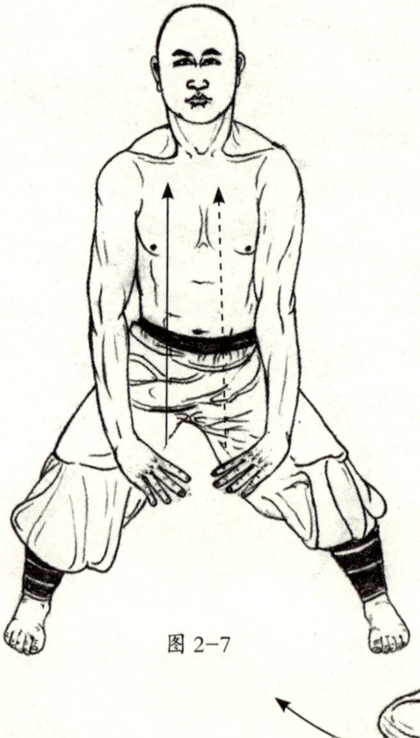

图 2–7

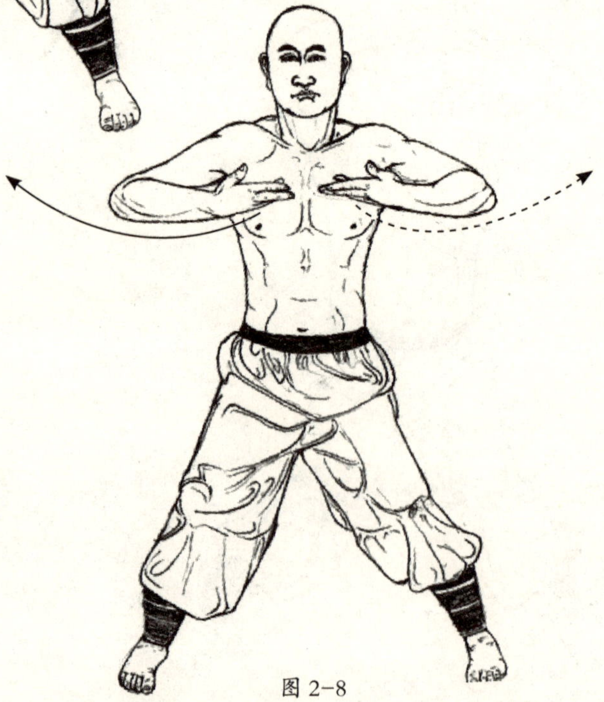

图 2–8

第二节 龙舞势

1. 马步站立如前势；两掌向左右展开，成一字平肩状，掌心向上；目视前方。（图 2-9）

2. 双臂继续向后外展至背后，两指尖向后，两虎口相对。（图 2-10）

图 2-9

图 2-10

图 2-10 附

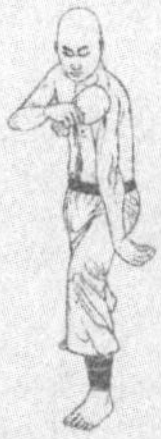

3. 两臂后展到一定程度时，即转臂将两掌收至肋侧，掌心向上，指尖向前；目视前方。（图 2-11）

4. 两掌转腕成掌心向前，指尖向上，伸臂向前推出，至双臂伸直，高与肩平；目视前方。（图 2-12）

图 2-11

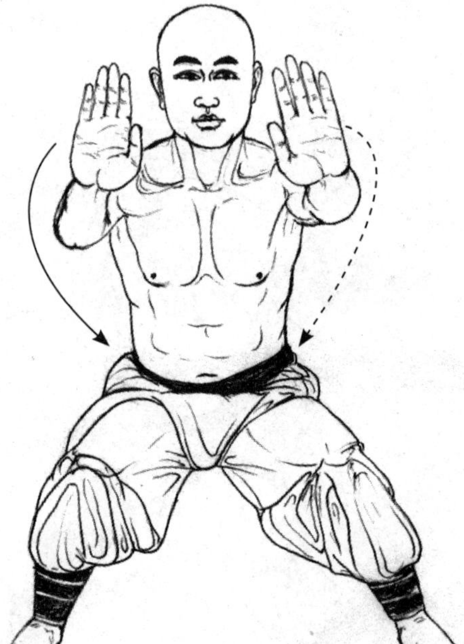

图 2-12

5. 收双掌于两肋侧，再前推掌，再收回；反复练习 3 次。（图 2–13）

6. 接着，转掌成掌心向前，指尖相对，伸臂前推，至两臂伸尽，高与肩平，两掌根用力；目视前方。（图 2–14）

7. 两掌推出、收回 3 次后，收回双掌置于肋侧；目视前方。（图 2–15）

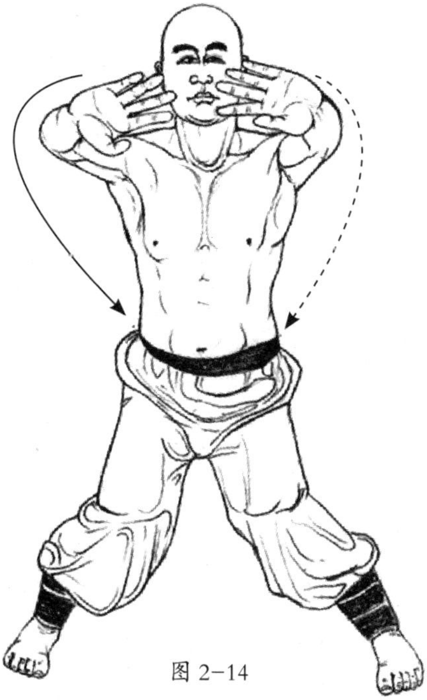

图 2–14

图 2–13

图 2–15

第三节　推托势

1. 马步不变；左掌翻转向头顶上方托举，掌心向上，指尖向右；同时，右掌向前方推出，指尖向左，虎口向下，高与肩平；目视前方。（图 2−16）

2. 两臂伸直，用力抻劲后，屈指抓握成拳（握固）；目视右拳。（图 2−17）

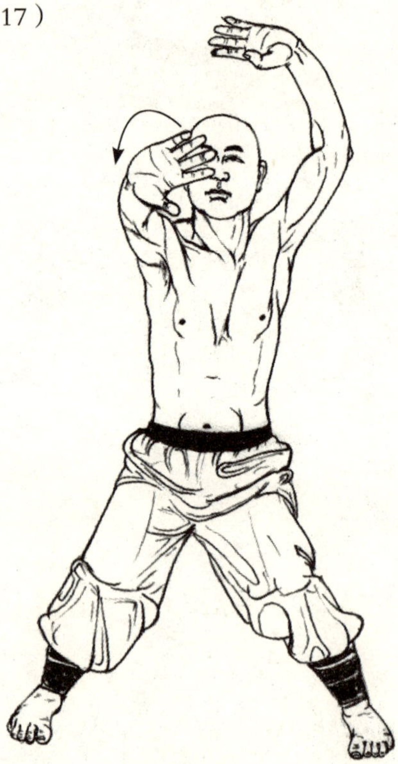

图 2−16

图 2−17

3. 两拳越握越紧，缓缓收回，屈肘抱于肋侧。然后，放松，伸指成掌。（图 2–18）

4. 接着，做右掌托、左掌推动作，动作与前势相同，唯方向相反。（图 2–19 ~图 2–21）

图 2–19

图 2–18

图 2-20

图 2-21

第四节 凤凰单舞势

1. 马步不变；两手握固，屈臂上抬于胸前，两肘平肩，拳面相对，拳心向下；同时，将气提至胸间；目视前方。（图 2–22）

2. 右拳不动；左拳伸直成掌，伸臂向头顶上方托举，至臂直，五指张开，指尖向后，掌心向上；目视前方。（图 2–23）

图 2–23

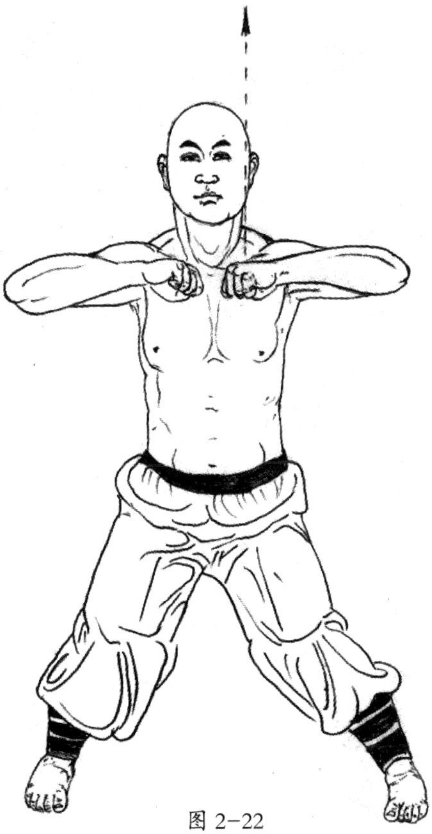

图 2–22

3. 左掌握固，下收胸前。（图 2-24）

4. 接着托举右手，右手动作与左手动作相同，唯方向相反。（图 2-25、图 2-26）

图 2-25

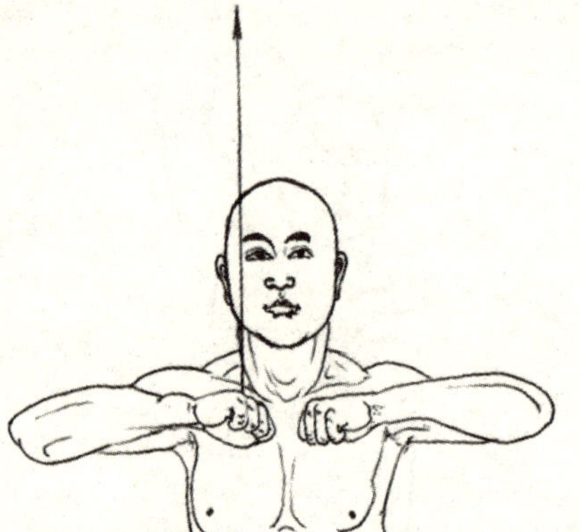

图 2-24

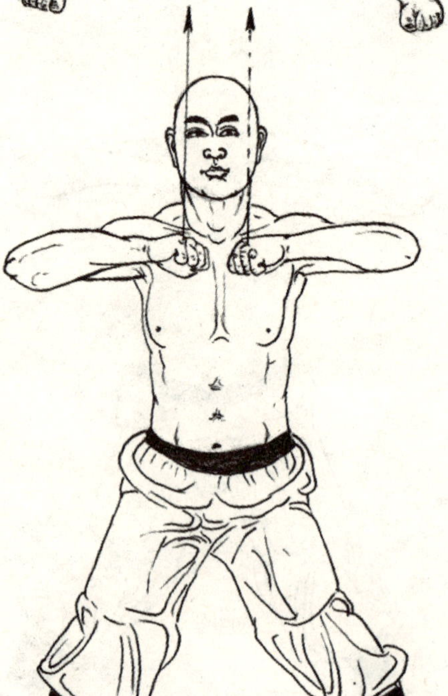

图 2-26

5. 左右手各托举 3 次后，两拳仍握固，屈臂上举至头额上方，拳心向后；目视双拳。（图 2-27）

6. 两拳伸指成掌，分开转下于胸前合掌，指尖向上，两拇指正对膻中穴；目视前方。（图 2-28）

图 2-28

图 2-27

7. 两掌根张开，两肘向上分张，指尖相对。（图 2–29）

8. 转掌向上，伸臂向头顶上方推举；仰面目视掌背。（图 2–30）

9. 反复向上推举 3 次后，两掌下收胸前成拳；目视前方。（图 2–31）

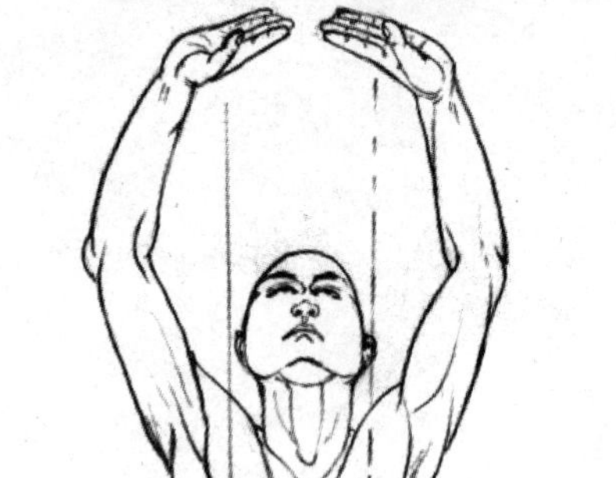

图 2–30

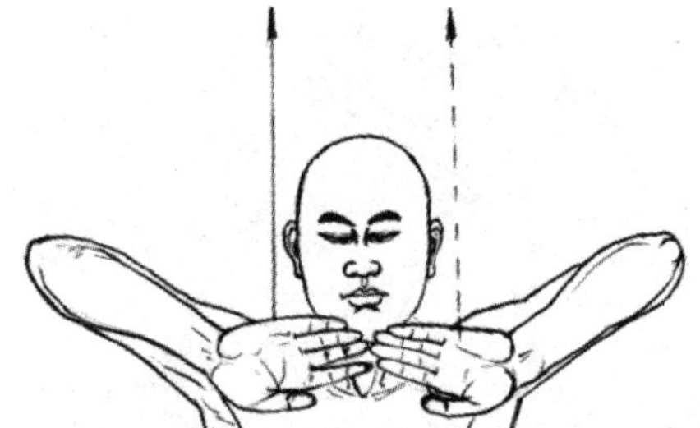

图 2–29

图 2–31

第五节 虎盼势

1. 马步势不变，两脚尖外摆，斜向两侧蹲立；两拳握固后在胸前转一圈，右拳向前伸出，手臂微屈，拳眼向上，勾腕使拳心向面；同时，左拳向左侧后方伸出，要领与右拳相同；目视右拳。（图 2–32）

2. 两拳收回，屈臂平置于胸前。（图 2–33）

3. 接着，左拳前伸，右拳后伸，动作与前势相同，唯方向相反。（图 2–34）

如此左右各换做 3 次。

图 2–33

图 2–32

图 2–34

第六节 转身势

1. 承接第五势最后动作，左拳收回后即向左转身，成左弓步；两拳收于胸前成环臂状，拳面相对，拳心向下；目视左前方。（图 2–35）

2. 左弓步不变；两拳缓缓向左前方伸出，双臂微屈如抱物状，双臂成环状，目视双拳。（图 2–36）

图 2–35

图 2–36

3. 然后，右转身做右侧动作，与左侧动作相同，唯方向相反。（图 2–37、图 2–38）

4. 左右各换 3 次后，上体转正成马步；两拳平端置于胸前，拳心向下；目视前方。（图 2–39）

图 2–38

图 2–37

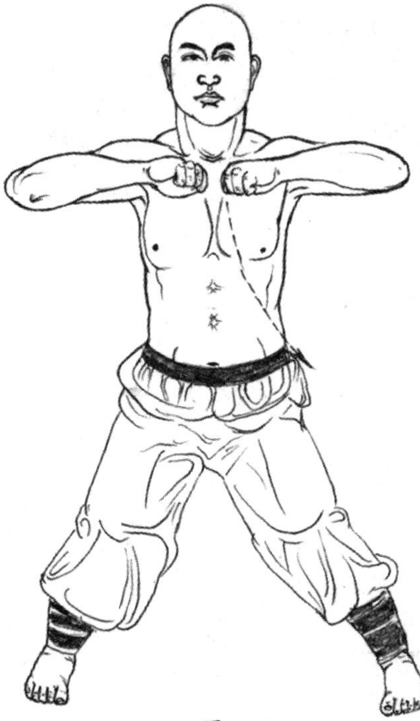

图 2–39

第七节 转环势

1. 马步蹲立如前，右拳不变动；左拳五指张开，向左下、臀部外侧画弧成刁手。（图 2-40）

2. 动作不停，左手继续向后画弧，直至极限，掌心、肘尖向上；目视前方。（图 2-41）

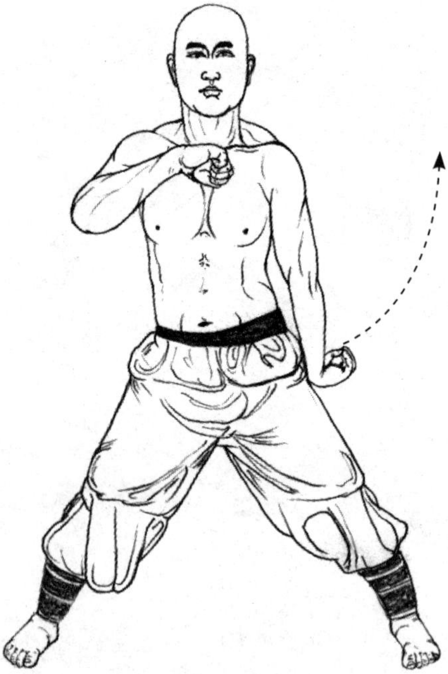

图 2-40

图 2-41

3. 转腕，左臂成顺势，掌心向上，肘尖向下；目视左掌。（图 2–42）

4. 接着，左掌弧形收回至胸前，握固，两拳面相对；目视前方。（图 2–43）

图 2–43

图 2–42

5. 左手做 3 转后，换做右手转换势，右手动作与左手动作相同，唯方向相反。（图 2-44 ～图 2-47）

6. 一手 3 转为一豁，再换另一手转环，两手各 3 豁后松拳成掌，自然垂于体侧；左脚收步于右脚内侧成立正势；自然呼吸，目视前方。（图 2-48）

图 2-45

图 2-44

图 2-46

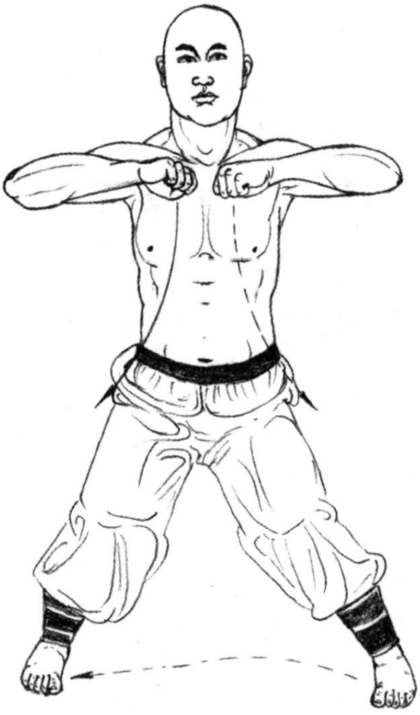

图 2-47

图 2-48

第八节 进退势

1. 承接上势最后一动作，两手握固，左脚向正前方跨出一步，屈膝成左弓步；同时，右拳上抬屈臂置于右胸前，肘臂平肩，拳心向下，拳眼向里；左拳伸臂向前方击出，拳心向下；目视左拳。（图 2–49）

2. 右脚向前跨出一步，屈膝前弓；同时，左拳扭后收回，屈肘平肩，置于左胸前，拳心向下；右拳伸臂向前击出，拳心向下；目视右拳。（图 2–50）

图 2–49

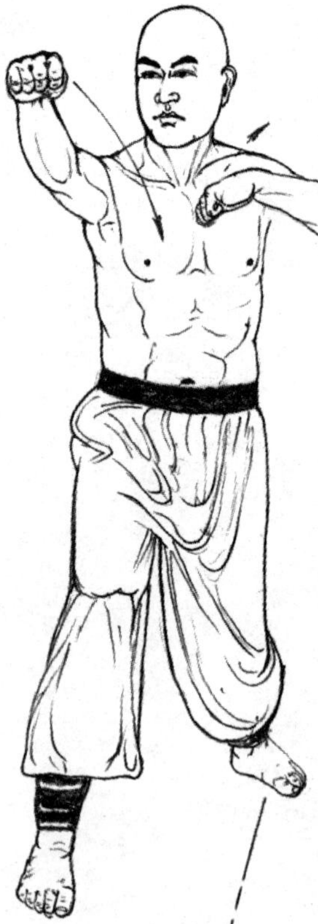

图 2–50

3. 接着，上左步击左拳，动作与前述动作相同，唯方向相反。（图 2−51）

4. 然后，后退三步，退左步击右拳，退右步击左拳，动作要领与前进步相同。（图 2−52 ～图 2−54）

5. 收左脚，与右脚平行站立，间距宽于肩，成马步蹲立；同时，左拳收回胸前，两拳面相对；目视前方。（图 2−55）

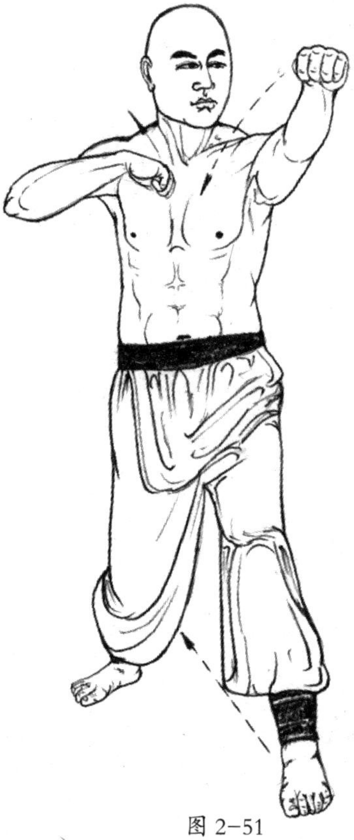

图 2−51

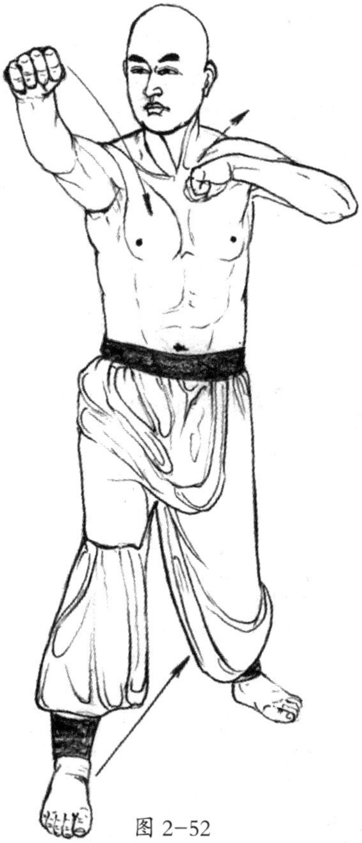

图 2−52

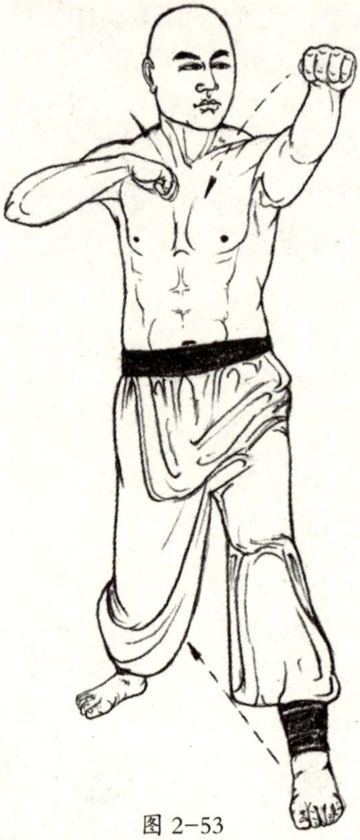

图 2-53

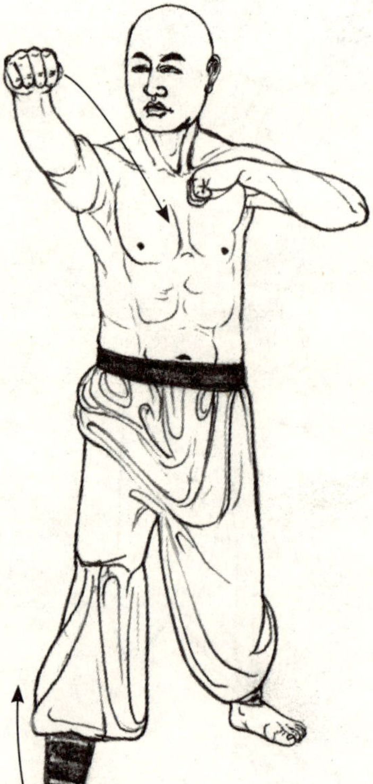

图 2-54

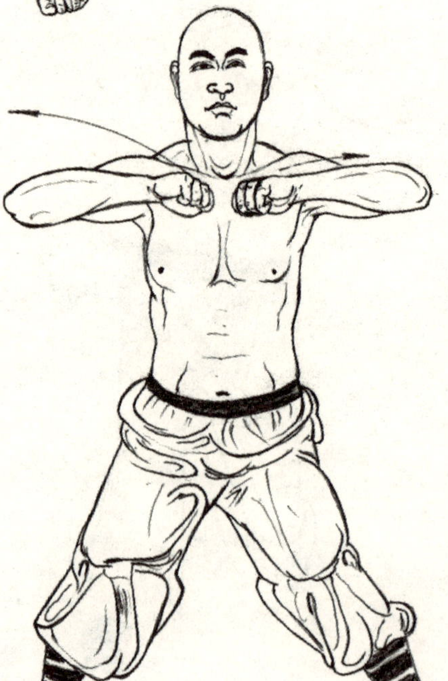

图 2-55

第九节 开弓势

1. 马步蹲立；右拳向前伸出，高与肩平，拳心向下；同时，左臂屈肘向后拉，拳对左肩，两拳臂用劲做开弓姿势；目视右拳。反复练习 6 次。（图 2–56）

2. 接着，前伸左拳，后拉右拳，要领与前势相同，唯方向相反。（图 2–57）

图 2–57

图 2–56

3. 左右各开弓势六个轮回后（六六三十六次），将双拳收置于胸前，两臂平肩，拳心向下；目视前方。（图 2–58）

4. 松拳成掌，放下，自然垂于体侧；左脚收步于右脚内侧，成立正势；呼吸自然，目视前方。（图 2–59）

图 2–58

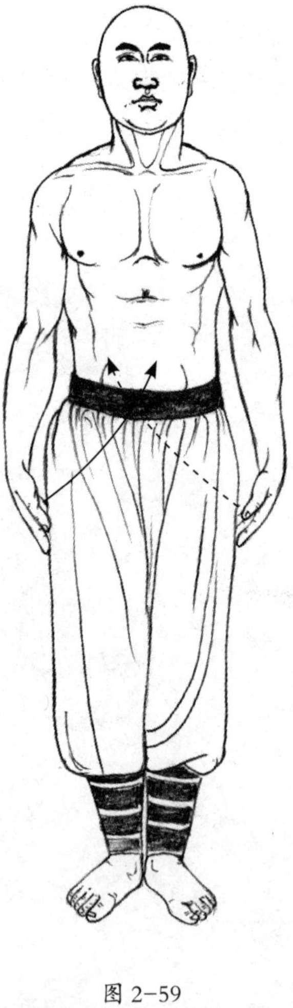
图 2–59

第十节　童子拜观音势

1. 立正势不变；两掌上收于小腹前，十指交叉，掌心向上。（图2−60）

2. 翻转双掌，伸臂向头顶上方托举，掌心向上；目视前方。用意念暗劲向上伸托双掌 10 次。（图 2−61）

图 2−60

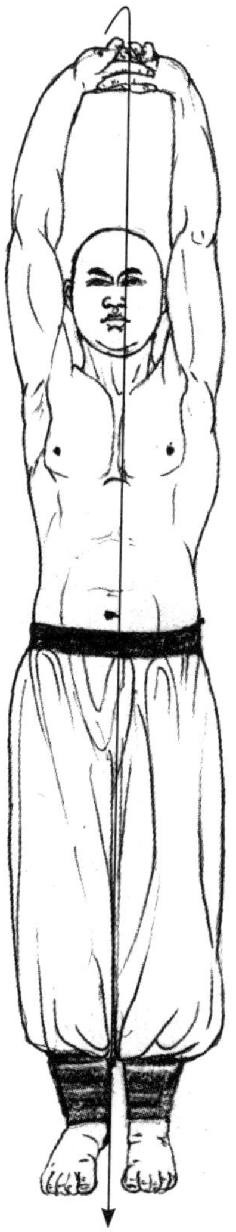

图 2−61

3. 双掌转下，俯身下按于两脚尖前地面，双腿挺直，用意念暗劲把双掌向下伸 10 次；目视双掌背。（图 2–62）

4. 上体徐徐立起，上托下按反复 10 次。然后松开两掌，握固置于腹前；自然呼吸，目视前方。（图 2–63）

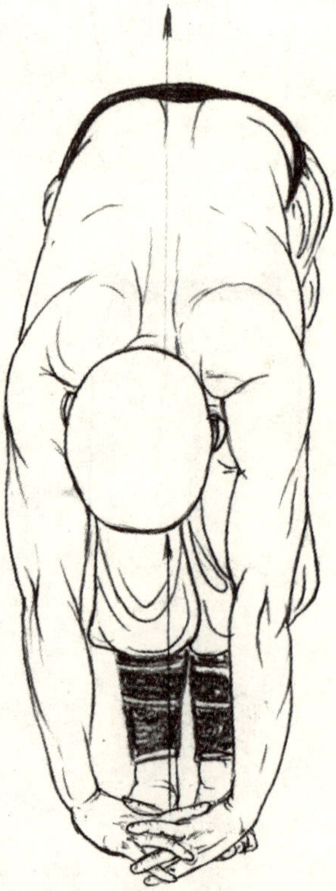

图 2–62

图 2–63

第十一节 美女观莲势

1. 左脚外摆一步，约与肩同宽，脚尖外展，与右脚成丁字步站立，上体略左转；两肘、臂略抬，有如凭栏之状，目视左斜前方。（图 2-64）

2. 上身缓缓向左下转俯，心口对左脚踝关节，左膝屈；目光经左侧后面注视右脚后跟。（图 2-65）

图 2-64

图 2-65

3. 然后，起身做右侧观莲势，与左侧动作相同，唯方向相反。（图 2–66、图 2–67）

4. 左右各做 3 次后，起身放下双掌自然垂于体侧，左脚收步于右脚内侧成立正势；呼吸自然，目视前方。（图 2–68）

图 2–67

图 2–66

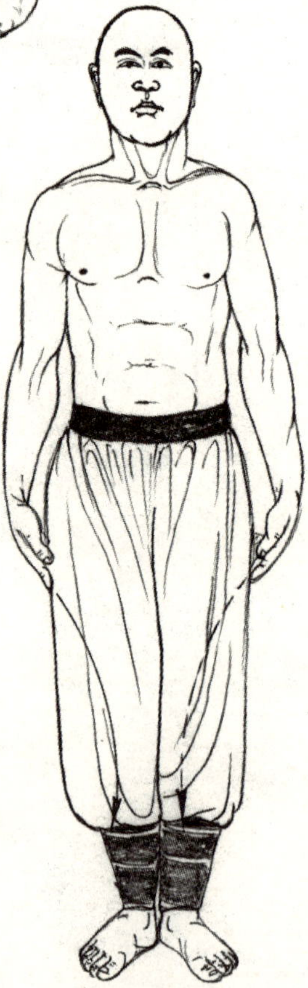

图 2–68

第十二节 熊顾势

1. 两脚跟略外展，两脚平行站立；双手握固，前俯身，上身与腿面夹角约成90度，两臂下垂与腿面平行，拳心对两小腿前胫。（图2–69）

2. 以臀部为支点，上体俯身向左侧摆动；目视右脚后跟。（图2–70）

图2–69

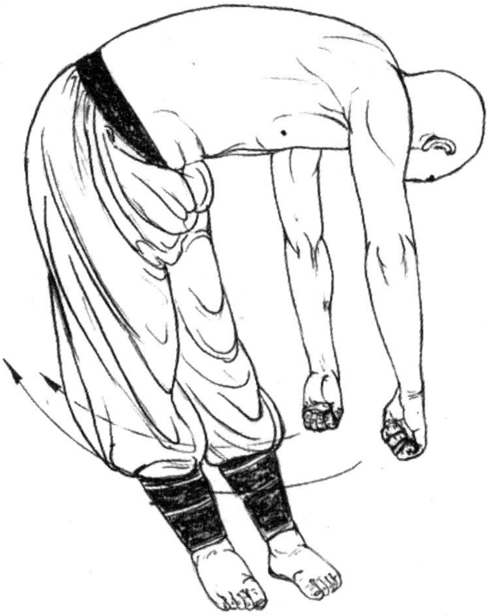

图2–70

3. 接着，上体向右侧摆动，目视左脚后跟。（图 2–71）

4. 上身及双臂左右摇荡，头左右转看脚跟各 36 次后，立起上身，松拳成掌自然垂于体侧；呼吸自然，目视前方。（图 2–72）

图 2–71

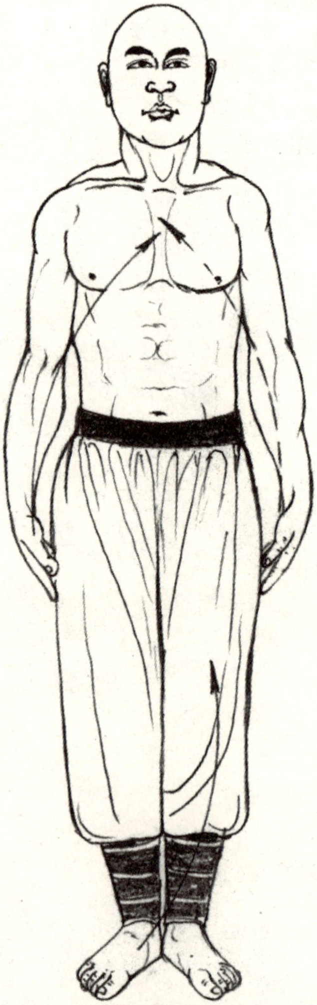

图 2–72

第十三节 稳举势

1. 身体重心移于左腿，右脚提起，将小腿贴于左膝盖上；同时，两掌上收于胸前，右拳左掌做抱拳状；目视前方。（图 2–73）

2. 重心缓缓下沉，左腿屈膝蹲下成坐盘状。（图 2–74）

图 2–74

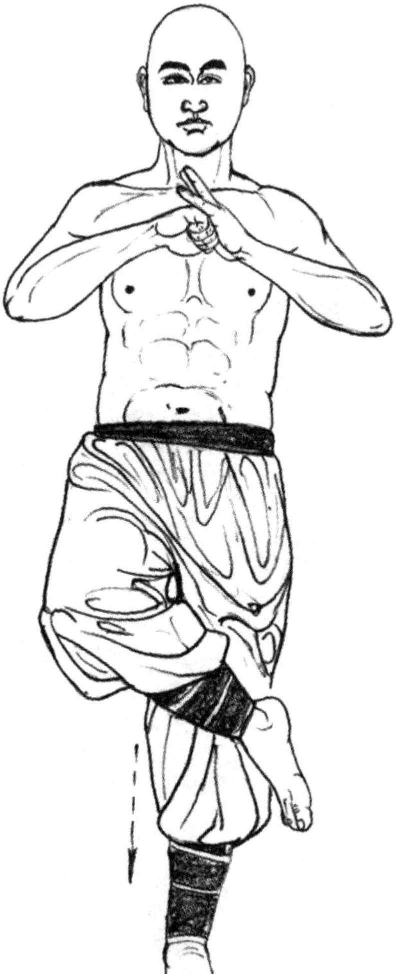

图 2–73

3. 左腿缓缓伸立成独立势，反复蹲立 3 次。（图 2–75）

4. 然后，换做右腿，与左腿动作相同，唯方向相反。反复练习 3 次。（图 2–76、图 2–77）

图 2–76

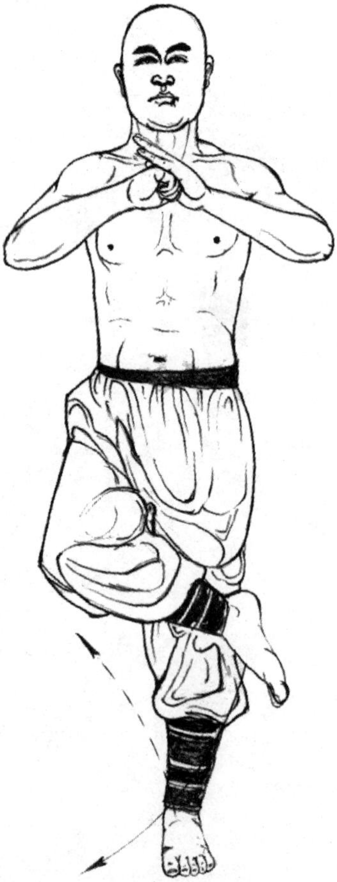

图 2–75

图 2–77

5. 练习日久，骨节灵通，筋脉舒长，可以一脚钩于颈上做起坐动作，数十度而不觉乏时，方为全功。（图 2–78）

6. 功毕，放下脚自然站立，两手抱拳不变；呼吸自然，目视前方。（图 2–79）

图 2–78

图 2–79

第十四节 仙人反背势

1. 承接上势最后一动，两手放下成自然掌垂于体侧；左脚斜进一步，成丁字步（一顺一斜）；目视前方。（图 2–80）

2. 下盘动作不变，上体向左扭转，到最大限度；目视左后侧向右后侧注视。（图 2–81）

3. 回转身，面向正前方，上体正直，左膝屈成左弓步；目视前方。（图 2–82）

图 2–81

图 2–80

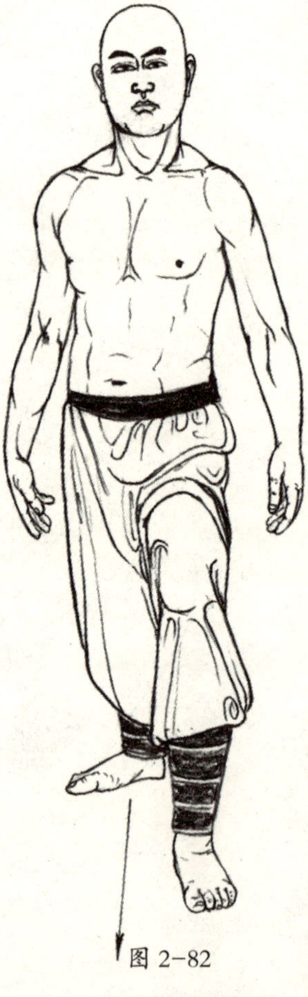

图 2–82

4. 右脚上前一步，上体向右扭转；再进左步左扭转。（图 2−83 ～图 2−88）

图 2−84

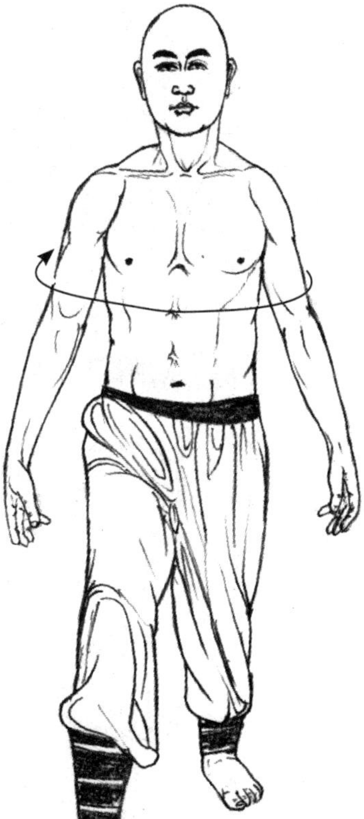

图 2−83

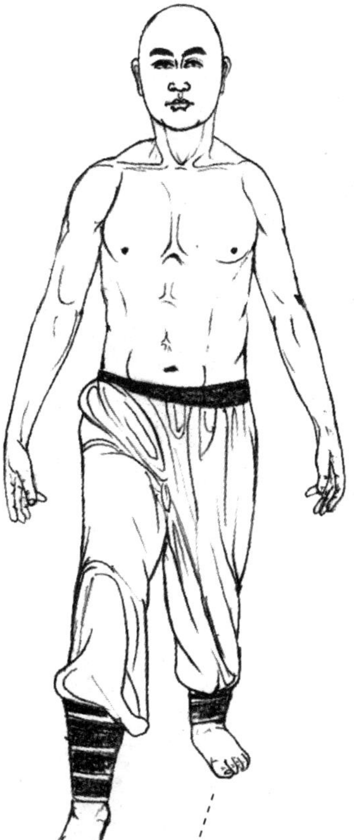

图 2−85

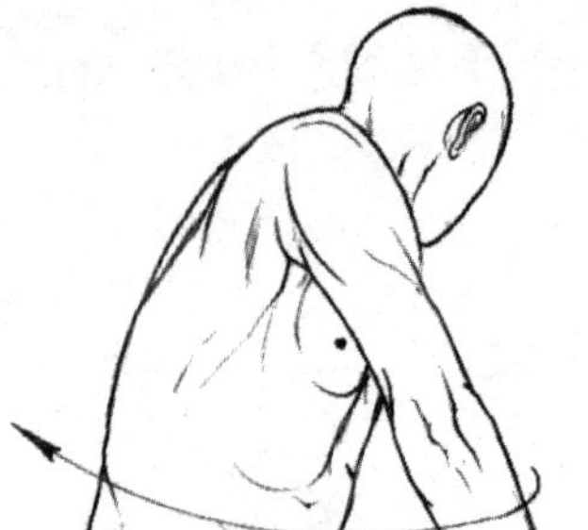

图 2-87

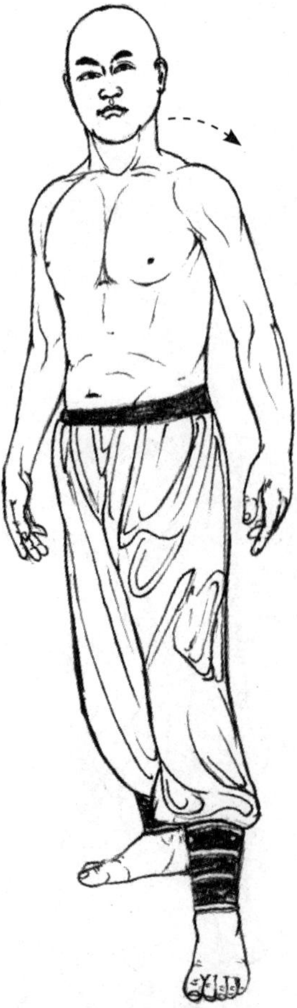

图 2-86

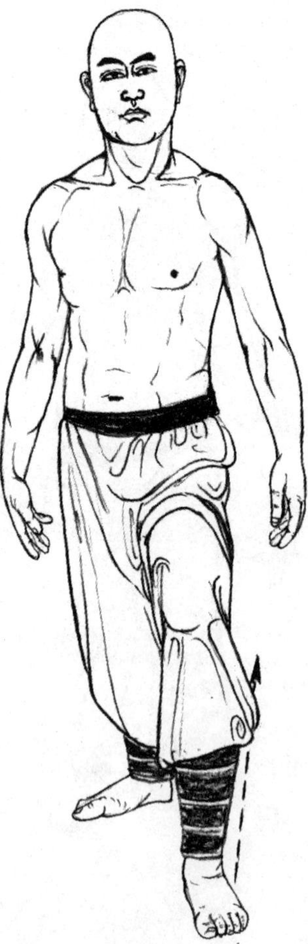

图 2-88

5. 然后，后退三步左右扭身，与进步扭身动作相同，唯方向相反。（图 2-89 ～图 2-97）

练习日久，前胸可旋转至正对背后方为全功。

图 2-90

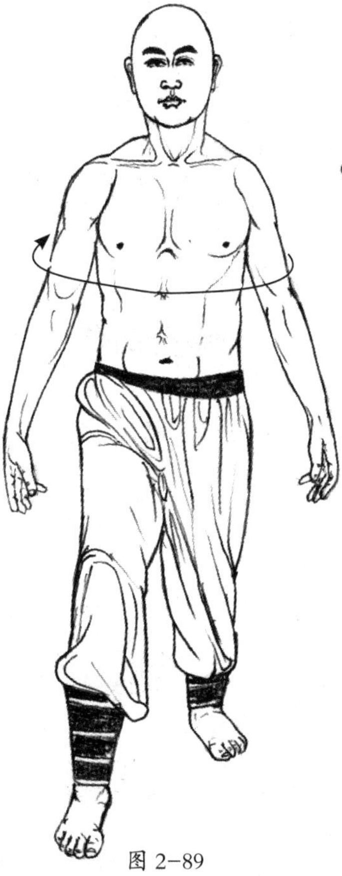

图 2-89

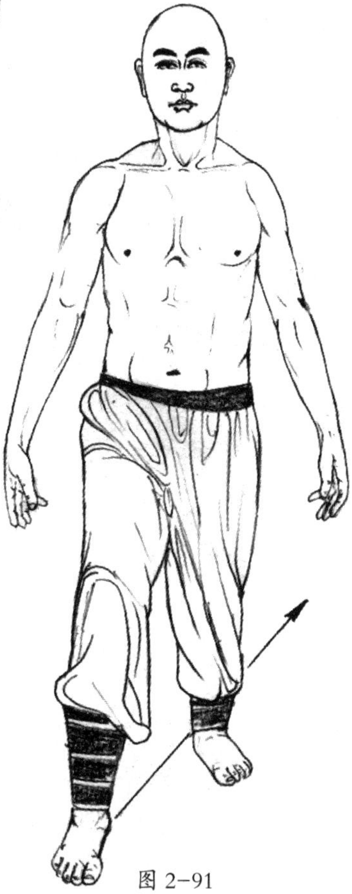

图 2-91

图 2-93

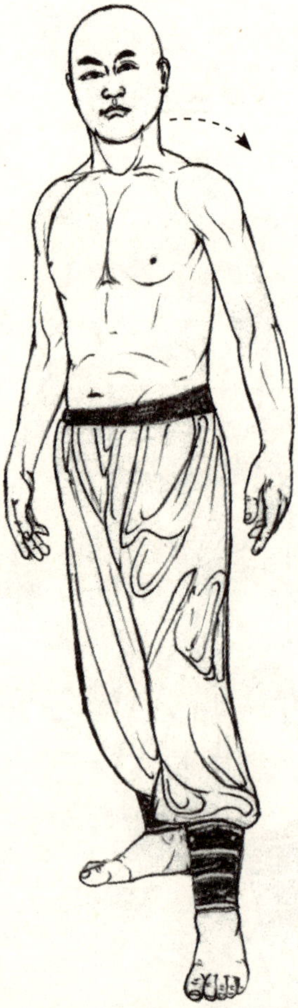

图 2-92

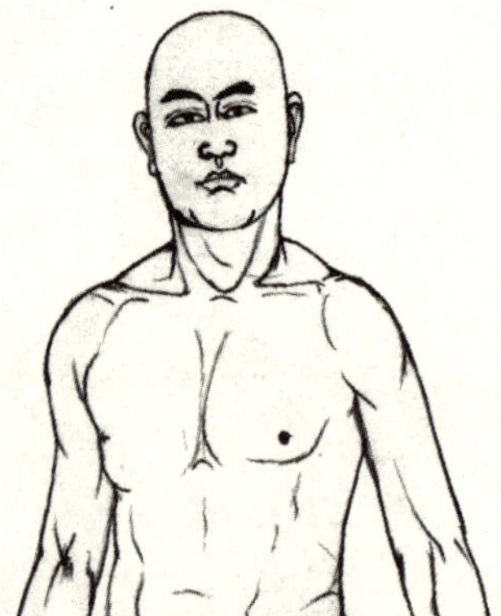

图 2-94

图 2-96

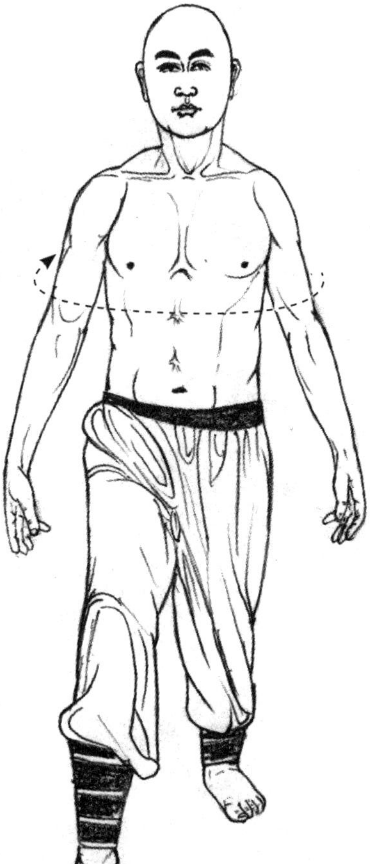

图 2-95

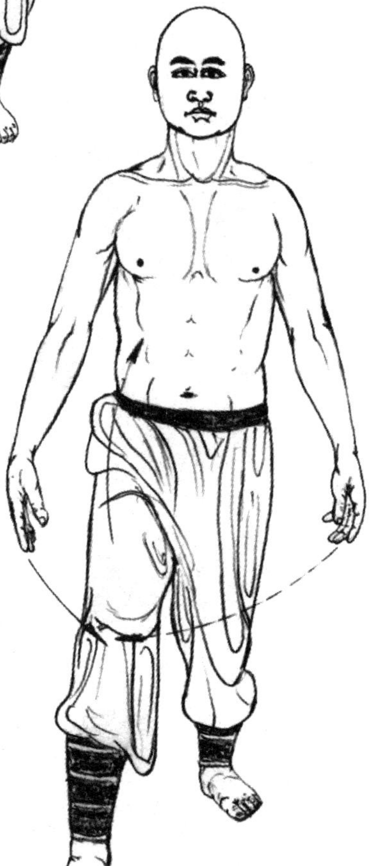

图 2-97

第十五节 接宾势

1. 身体重心移于左腿，双手抱住右小腿前胫，屈膝收提起，上身正直；目视前方。（图 2-98）

2. 重心缓缓下沉，左膝屈蹲，右膝跪地；两手抱住右小腿前胫不放，上身略前俯；目视地面。（图 2-99）

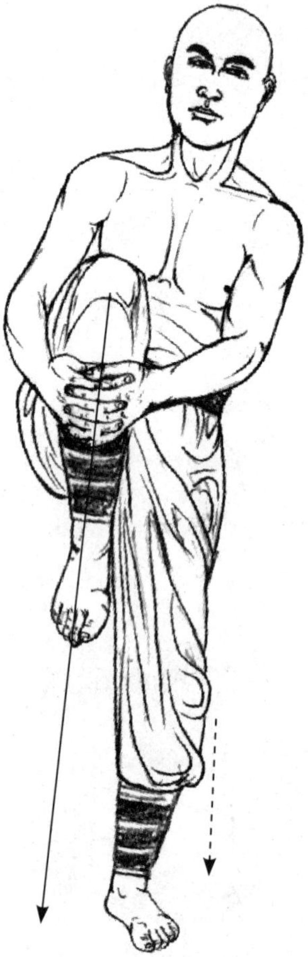

图 2-98

图 2-99

3. 然后，努力起身，左腿独立；双手抱住右小腿屈膝提起，正上身；目视前方。（图 2−100）

4. 接着，练习左膝跪地，与右膝跪地相同，唯方向相反。（图 2−101 ～图 2−104）

图 2−100

图 2−101

图 2-103

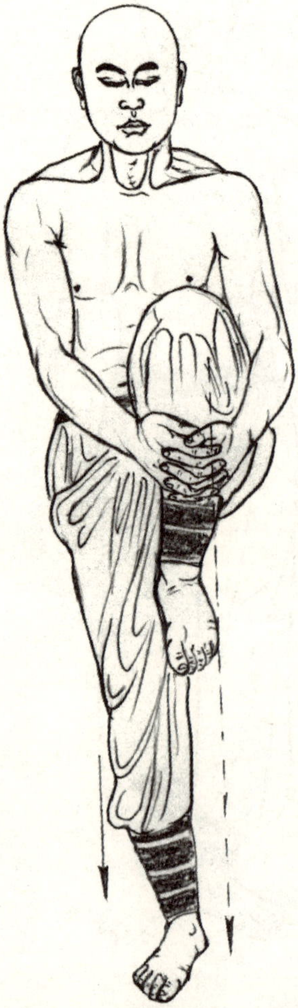

图 2-102

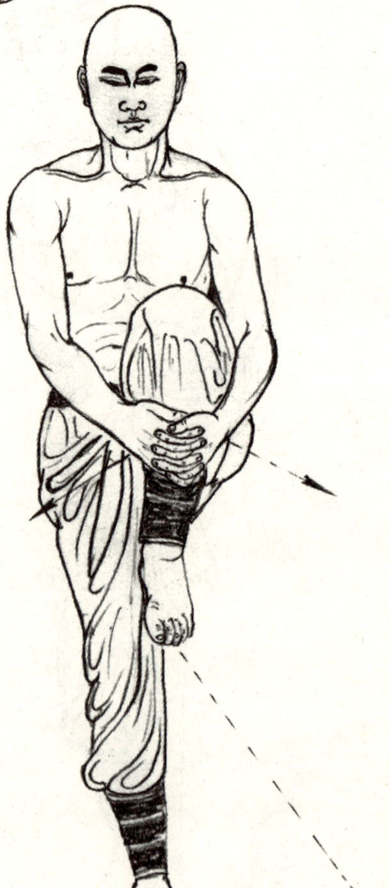

图 2-104

5. 左右各练习 3 次后，放下两手自然垂于体侧；两脚开步正身直立，目视前方。（图 2−105）

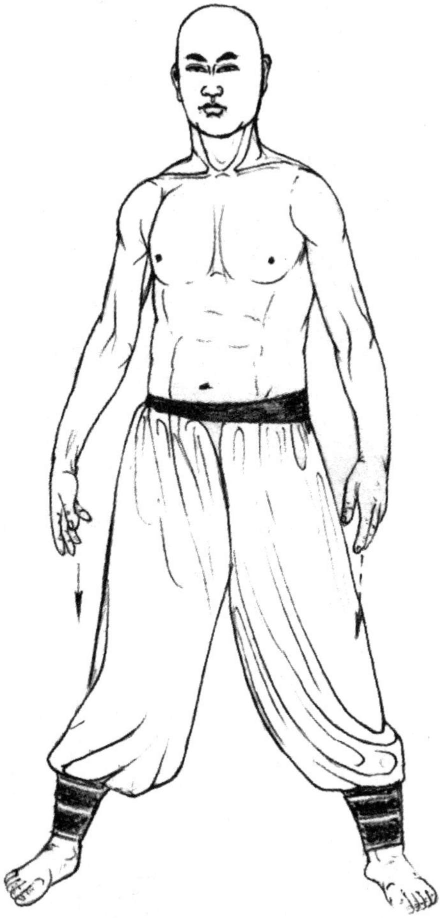

图 2−105

第十六节 象立势

1. 上体略前俯，两臂自然垂于体前，指尖向下，掌心向里；目视地面。（图 2−106）

2. 以腰为轴，上体带动两臂以逆时针方向摇转一周。（图 2−107 ～图 2−110）

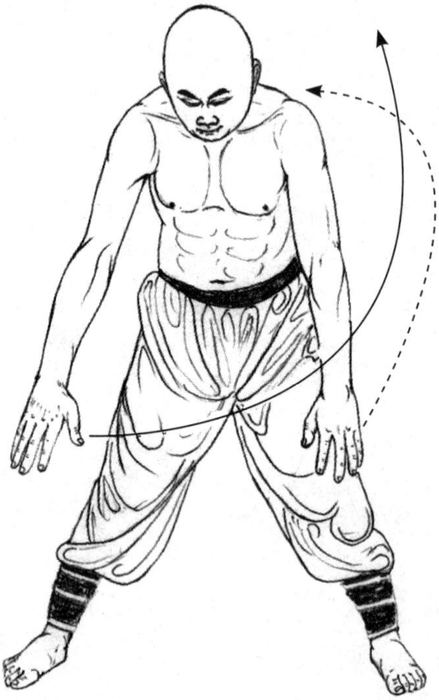

图 2−106

图 2−107

图 2-109

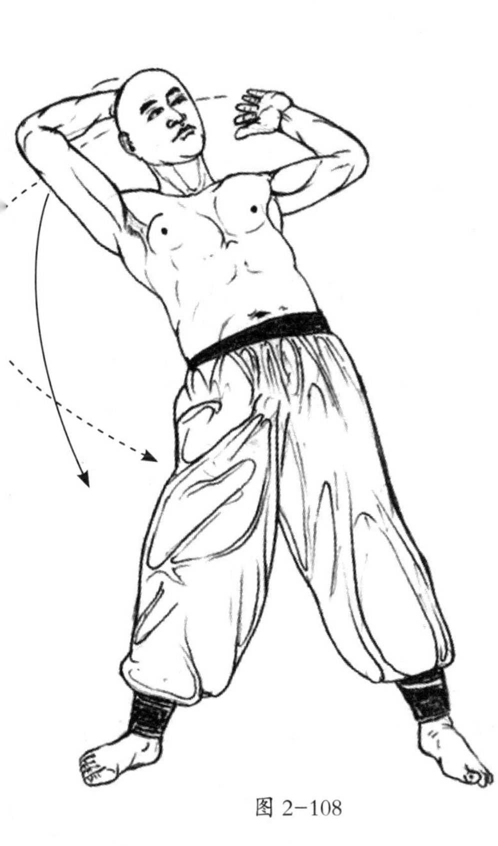

图 2-108

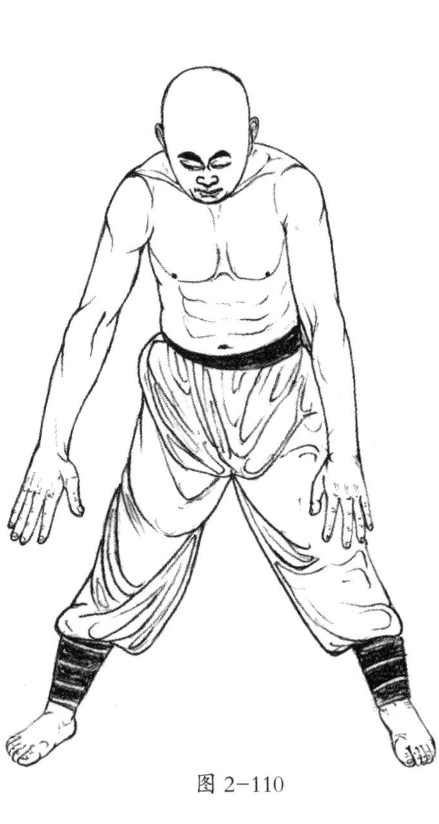

图 2-110

3. 接着，做顺时针摇转，动作与前相同，唯方向相反。（图 2-111～图 2-114）

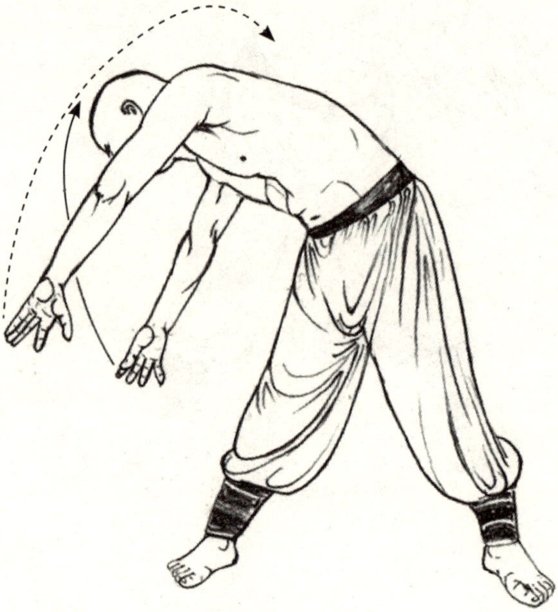

图 2-111

图 2-112

4. 左右摇转共 30 圈后，立起上身，两臂自然垂于体侧，呼吸自然，目视前方。（图 2-115）

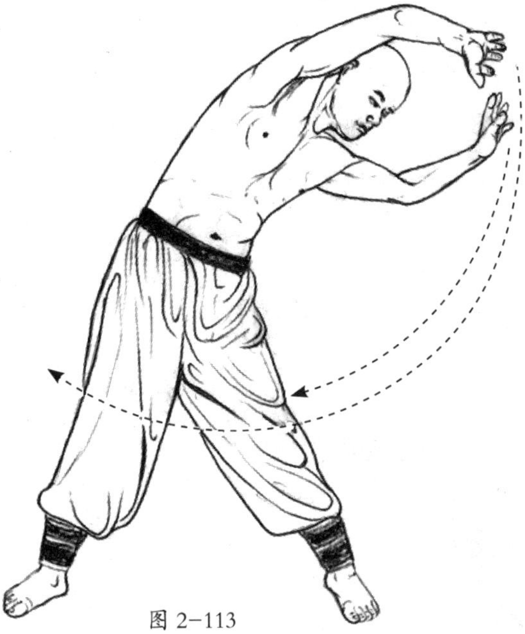

图 2-113

图 2-114

图 2-115

第十七节 锦雉舞势

1. 开步正身直立如前。（图 2–116）

2. 两脚尖外摆，屈膝蹲下；上身前俯，两手握固，从两腿间下伸，两拳拄于地面。（图 2–117）

图 2–116

图 2–117

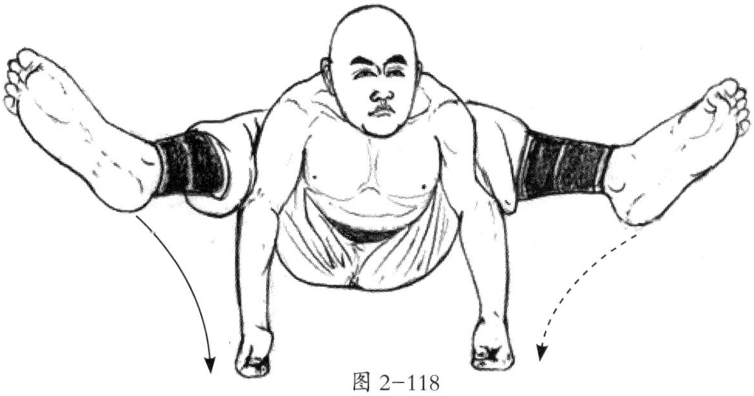

图 2-118

3. 双臂用力，两腿趁势悬起上翘，悬于体侧，两脚心向前，脚趾向上；目视前方。（图 2-118）

4. 坚持到撑不住时，放下双脚，然后再悬起两腿，练习 6 次。（图 2-119）

5. 起身收步，两脚平行站立约与肩同宽；两手握固置于胸前，拳心向下，两前臂平胸；目视前下方。（图 2-120）

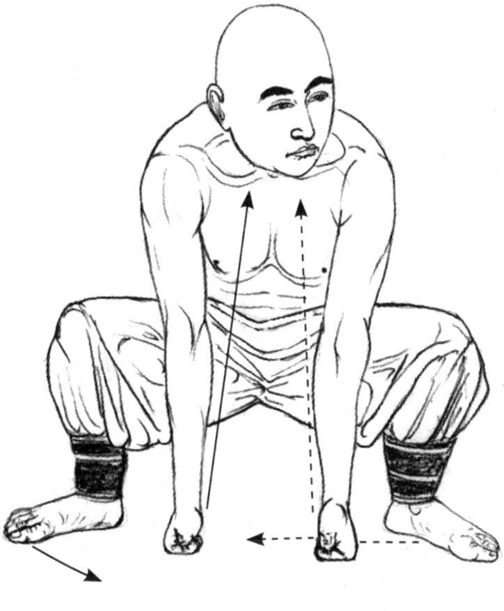

图 2-119

图 2-120

6. 将两脚跟提起，再放下，两脚跟一起一落共 14 次。（图 2-121、图 2-122）

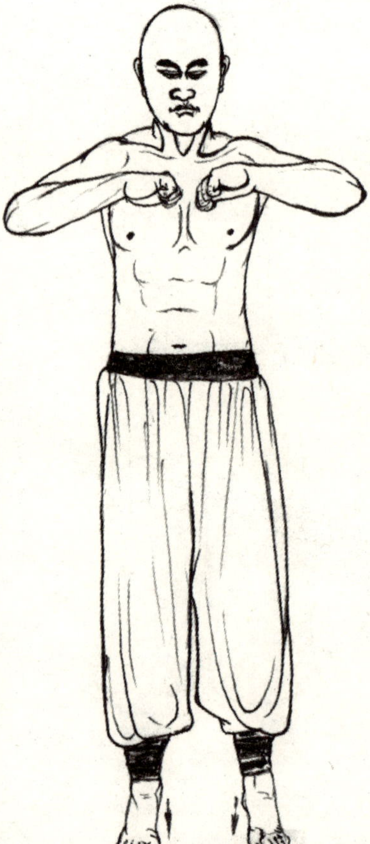

图 2-121

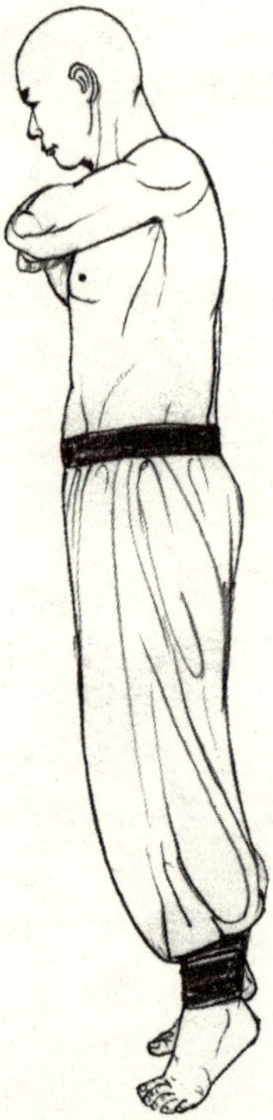

图 2-121 附

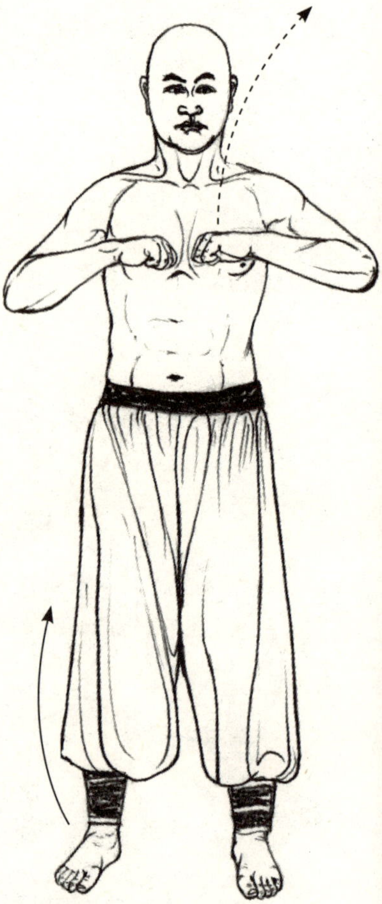

图 2-122

7. 接着，身体重心落于左腿，右腿屈提起；左拳屈举于左侧上方。（图 2–123）

8. 然后，右脚向右侧斜后方蹬出，力达脚跟。（图 2–124 ~ 图 2–126）

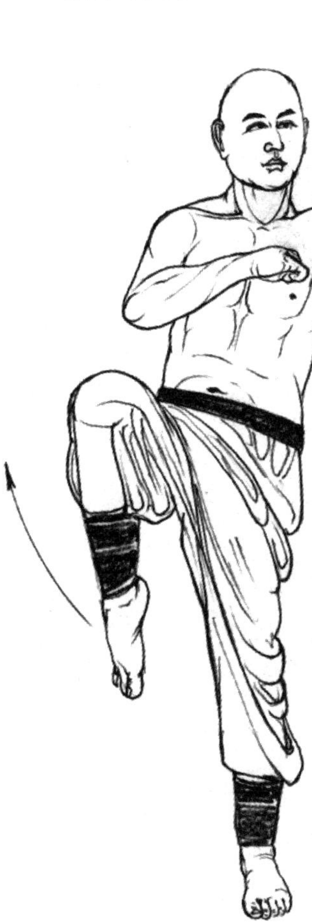

图 2–123

图 2–124

图 2-125

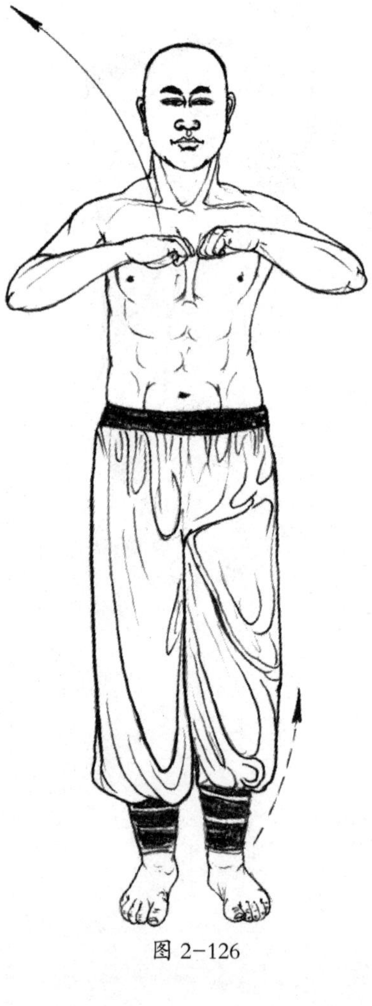

图 2-126

9. 再换左腿练习，动作相同，唯方向相反。（图 2–127 ~ 图 2–129）

图 2–127

图 2–128

10. 一左一右，两脚各做 7 次后，放下双手成掌自然垂于体侧，收脚成立正势；呼吸自然，目视前方。（图 2-130）

图 2-129

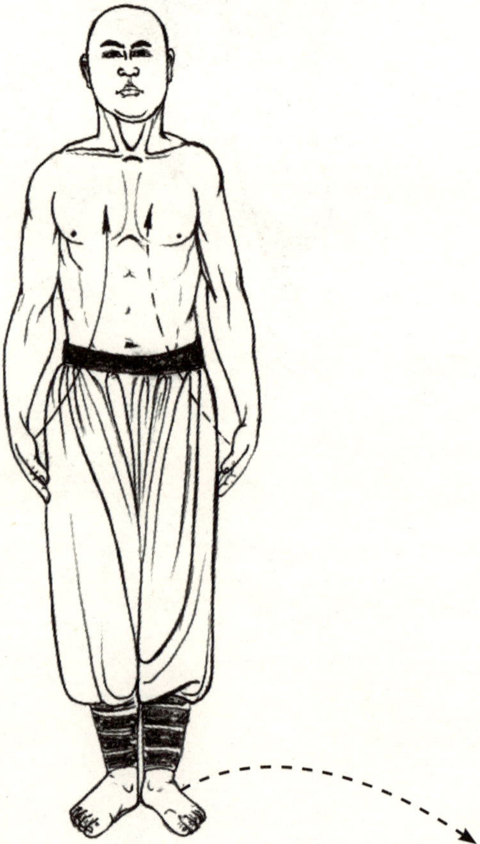

图 2-130

第十八节　鹤立势

1. 两手握固上收，屈肘置于胸前，肘尖下垂；重心落于右腿，屈膝下蹲，左脚向左侧跨出一大步，脚跟着地，脚掌翘起，伸腿成仆步状；上体略左转，目视左脚。（图 2−131）

2. 左脚收步于右脚内侧，屈膝下蹲，右脚提起脚跟成丁步；上体右转，两拳置于胸前，拳心向下，两前臂平胸；目视左前下方。（图 2−132）

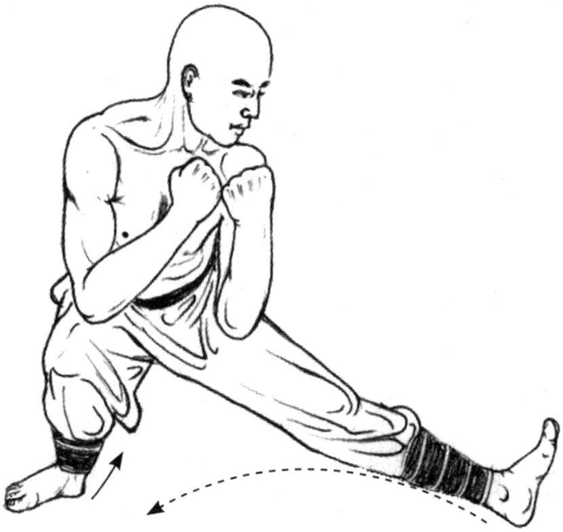

图 2−131

图 2−132

图 2-133

3. 接着做右仆步，动作与前势相同，唯方向相反。（图 2-133）

4. 一左一右，各做 14 次后，立身，双拳变掌自然垂于体侧。（图 2-134）

5. 左脚收步于右脚内侧，成立正姿势；呼吸自然，目视前方。（图 2-135）

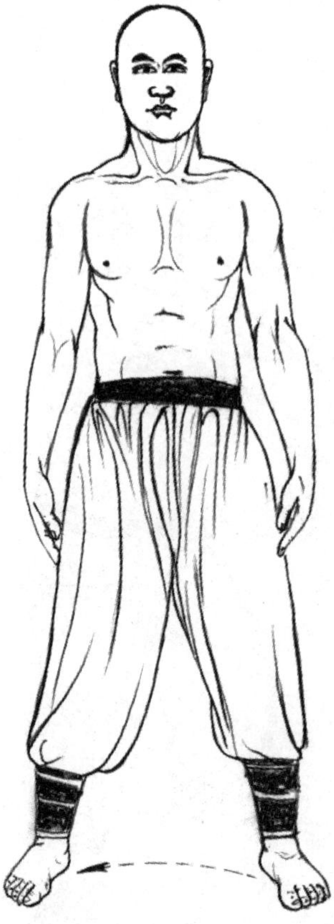

图 2-134

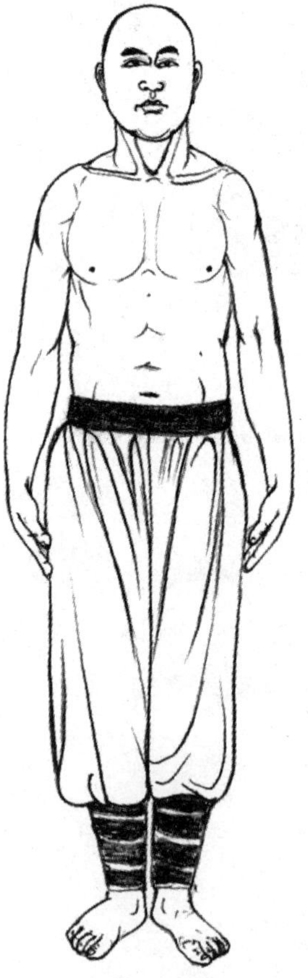

图 2-135

第三章　伏气功

伏气，是驾驭、运使内气的意思。

那么，怎样才能驾驭、运使自己的内气呢？伏气，就是通过肢体动作配合口鼻呼吸运动练习，打通全身筋脉，使其畅达，达到意到气到，随心所欲的境界。伏气一旦功成，“意之所至，坚于铁石”。

吞气是本功的关键所在。吞气的方法是：身体端正，眼平视，将口张大，深吸入一口气，然后如吞咽食物般将吸入之气咽下，吞气后略定片刻。长短约为常人 3 次呼吸。起初，吞气无声。习之日久，腹内就会咕咕有声，遇此情况，不必慌张，属于正常现象。

吞气时，头不可俯仰，张口不能太小。头俯则气下陷，头仰则火上升；张口太小，则有风吸入，风能伤人。

第一节 和平架

一、骑马势

1. 立正，两脚跟靠拢，脚尖外撇成八字；两臂自然垂于体侧；呼吸自然，目视前方。（图 3–1）

2. 左脚侧开一步，两脚距离约与肩同宽。（图 3–2）

3. 两掌上收于肋侧，掌心向上，指尖向前，两掌棱不要贴肋太紧。（图 3–3）

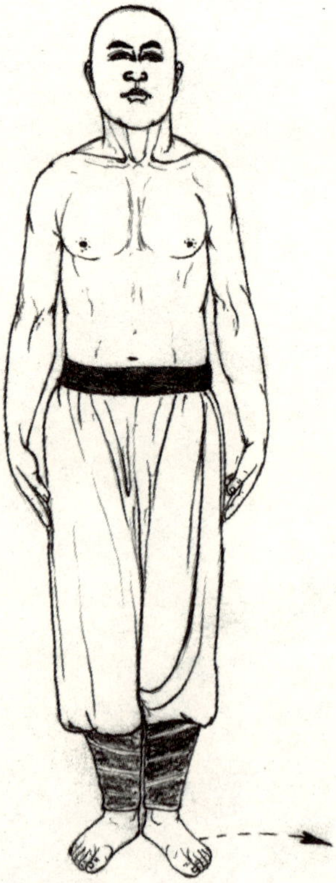

图 3–1

图 3-2

图 3-3

图 3-3 附

4. 两掌位置不变，翻转成掌心向下，虎口对肋。（图 3-4）

5. 两掌在腰侧同时向外画一平圆（圆圈与地面平行），至两腰侧。（图 3-5～图 3-7）

图 3-5

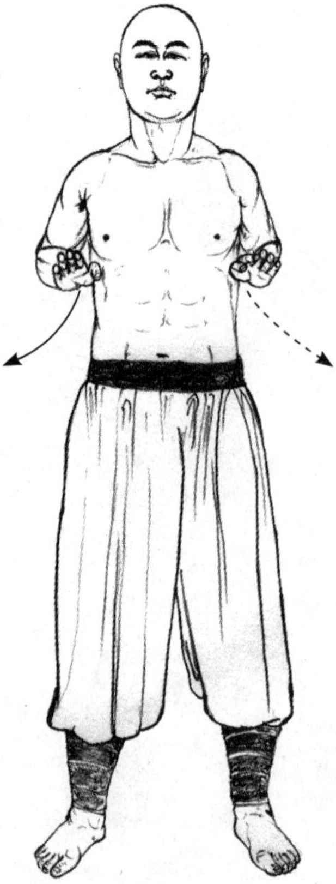
图 3-4

图 3-4 附

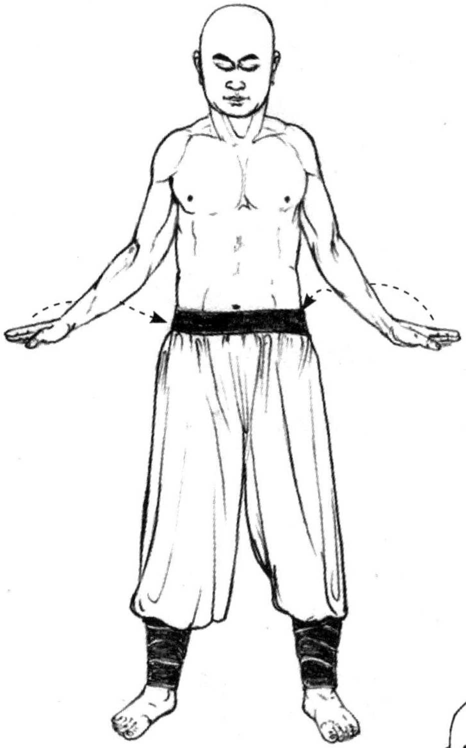

图 3-6

图 3-7

6. 两掌在肋侧翻转，成掌心向上。（图 3-8）

图 3-8

图 3-8 附

7. 转掌成指尖向上，掌心向前，伸臂向前推出，至两臂伸尽，高与肩平；同时，吞气1口。（图3–9）

8. 两掌缓缓收回两肋间，掌心向上；然后，用鼻将气缓缓呼出。（图3–10）

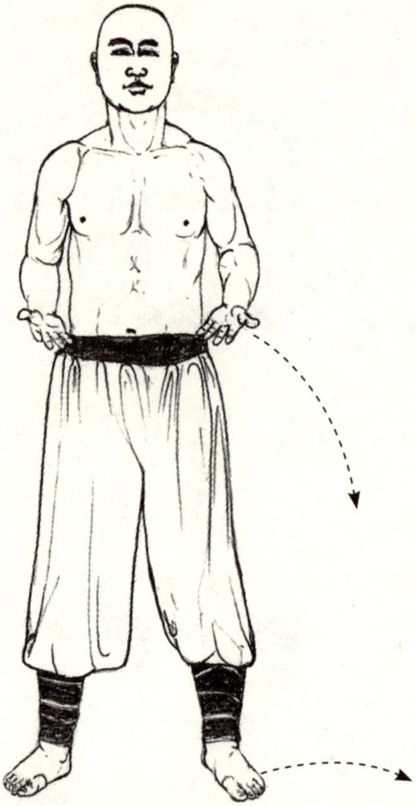

图3–10

图3–9

图3–9附

二、望月势

1. 左脚向左横跨一步，两脚间距比肩宽，左腿屈膝成左弓步，左脚尖斜向左前方；同时，左掌按于左大腿之上，拇指在后，其余四指在前；目视左方。（图 3-11）

2. 右掌经右肩前举起，绕耳后，沿肩前、肋侧过臀侧至大腿外侧，五指捏拢成刁手，勾尖向后上方；目视正前方。（图 3-12~ 图 3-14）

图 3-11

图 3-12

图 3-13

图 3-14

3. 左手屈臂举于头侧，高与眉齐；然后，屈拢五指，使拇指尖与小指尖相对，食指与无名指相对，中指微昂，手心向里要空，能容纳一只鸡蛋为度；目视正前方。（图 3–15）

4. 头左转，目视左手。（图 3–16）

图 3–16

图 3–15

5. 头部转正；同时，吞气 1 口。反复转头 3 次，吞气 3 口。（图 3−17）

6. 上述为望月势的左势动作，接下来做右势。右势与左势动作相同，唯方向相反。（图 3−18～图 3−24）

图 3−18

图 3−17

图 3-19

图 3-20

图 3-21

图 3-22

图 3-23

图 3–24

图 3–25

7. 左脚收步还原成立正势，两臂自然垂于体侧；呼吸自然，目视前方。（图 3–25）

三、舒气势

1. 左脚横开一步，两脚间距约与肩同宽；同时，双掌上收于两肋侧，掌心向上，指尖向前，两掌棱与肋不可贴紧。（图 3-26）

2. 两掌翻转，掌心向前，指尖向上，伸臂向前缓缓推出，直至两臂伸尽，高与肩平；呼吸自然，目视前方。（图 3-27）

图 3-26

图 3-26 附

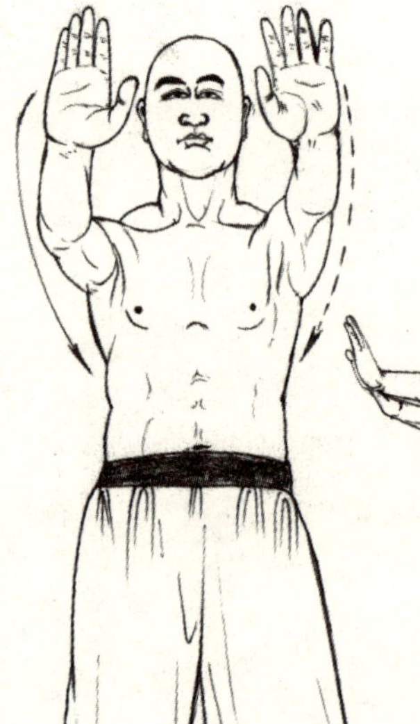

图 3-27

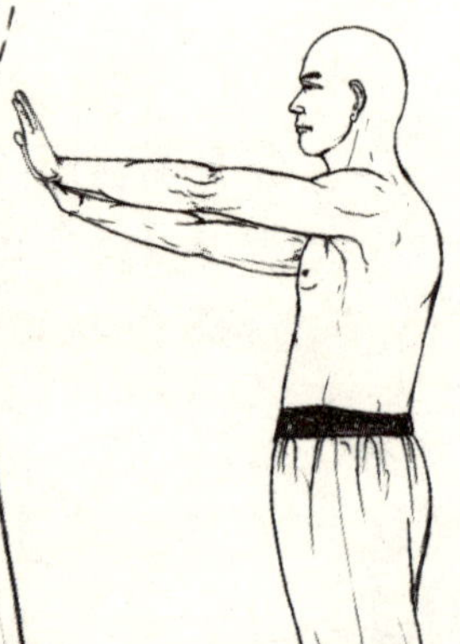

图 3-27 附

3. 两掌收于肋侧，掌心向上。（图 3-28）

4. 左脚收步还原成立正势，两掌自然垂于体侧，呼吸自然，目视前方。（图 3-29）

图 3-28

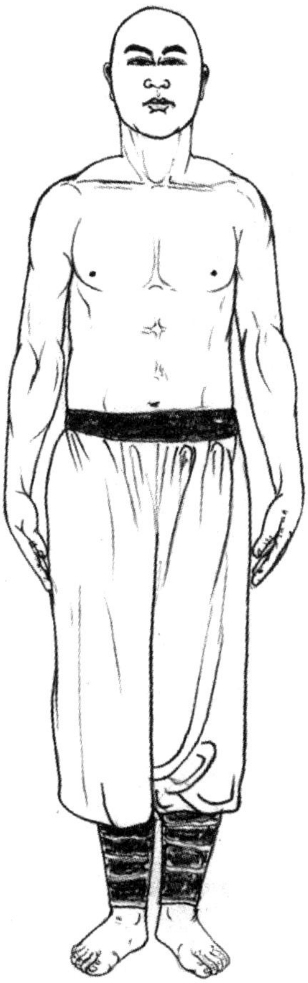

图 3-29

第二节 武功头

一、初势

1. 立正姿势，两脚跟靠近，脚尖外摆成八字；两掌自然垂于体侧；呼吸自然，目视前方。（图 3–30）

2. 左脚横开一大步，左转身成左弓步；同时，右掌收于肋侧，掌心向上；左掌按于左大腿上，拇指在外，其余四指在里；目视正前方。（图 3–31）

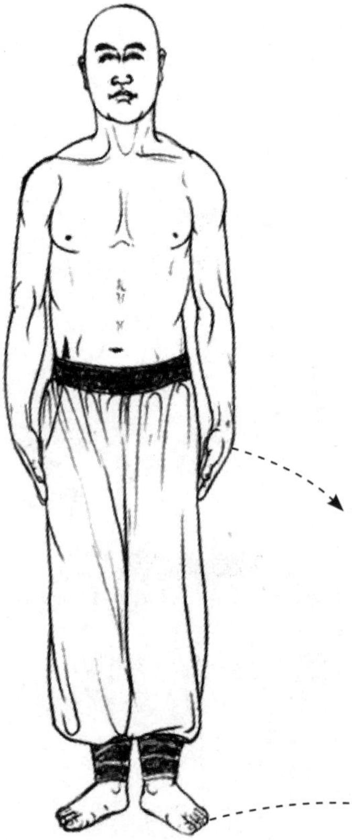

图 3–30

图 3–31

图 3-32

图 3-33

3. 右掌经右肩前举起，绕耳后，沿肩前、肋侧过臀侧至大腿外侧，五指捏拢成刁手，勾尖向后上方；目视正前方。（图 3-32、图 3-33）

4. 吞气 1 口；然后，头左转，目视左前方。（图 3-34）

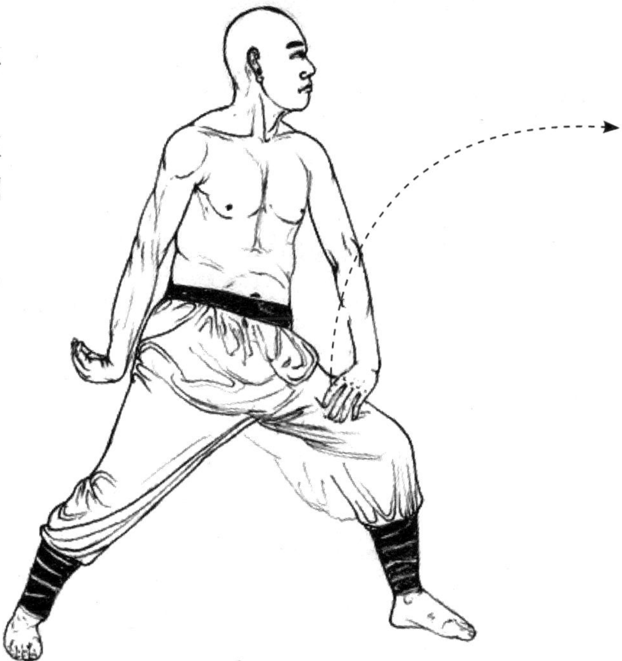

图 3-34

二、二势

1. 左掌向左伸出，手臂伸直与肩平，掌心向下，指尖向左；目视左掌。（图 3–35）

2. 头右转，目视正前方；同时，左掌屈臂收于胸前，掌心向下，指尖向右，虎口对胸。再向左伸出，收回，共两次。（图 3–36）

3. 左掌外旋，掌心对胸，虎口向上；然后，吞气 1 口。（图 3–37）

图 3–35

图 3–36

图 3-37

三、三势

1. 左臂内旋，掌心向外，虎口向下；头左转，目视左前方。（图 3-38）

图 3-38

2. 左掌沿左肩前上提，绕耳后，仰掌向左前方伸出，高与肩平，掌心向上；目视正前方。（图 3–39、图 3–40）

图 3–39

图 3–40

3. 接着，左掌按原路收回，绕耳后收至胸前，屈指握拳，拳心向下，拳眼对胸；然后，吞气 1 口。（图 3−41、图 3−42）

图 3−42

图 3−41

4. 头左转，目视左前方。（图 3–43）

5. 身体右转，接着做右侧动作，与左侧动作相同，唯方向相反。（图 3–44～图 3–56）

图 3–43

图 3–44

图 3-46

图 3-45

图 3-47

图 3-48

图 3-49

图 3-50

图 3-51

图 3-52

图 3-53

图 3-54

图 3-55

图 3-56

6. 收左脚于右脚内侧，立正；两臂自然垂于体侧；自然呼吸，目视前方。（图 3-57）

图 3-57

第三节 巡手势

一、玉带势

1. 立正姿势，两臂自然垂于体侧；呼吸自然，目视前方。（图 3–58）

2. 左脚向左横开一步，两脚间距约比肩宽。（图 3–59）

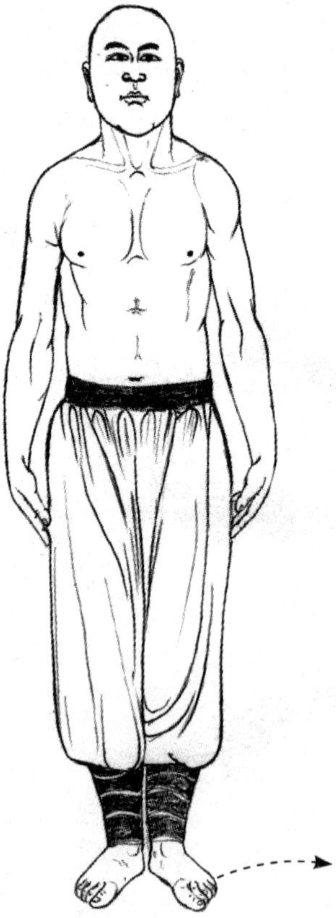

图 3–58

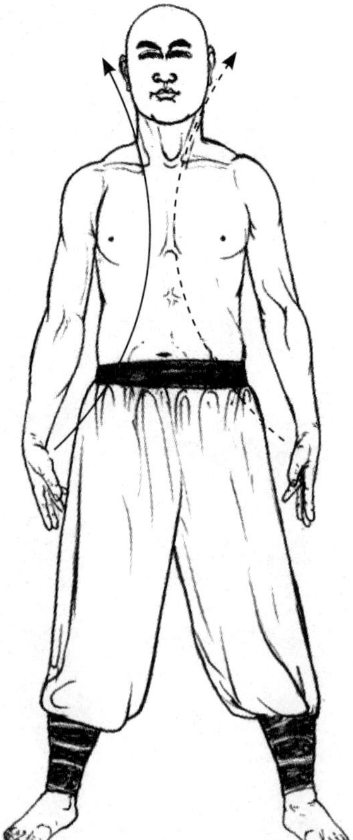

图 3–59

3. 两臂向前平伸，竖腕立掌，掌心相对，十指散开；目视前方。（图 3–60）

4. 两掌向上收于两耳后，掌心向下。（图 3–61）

图 3–60

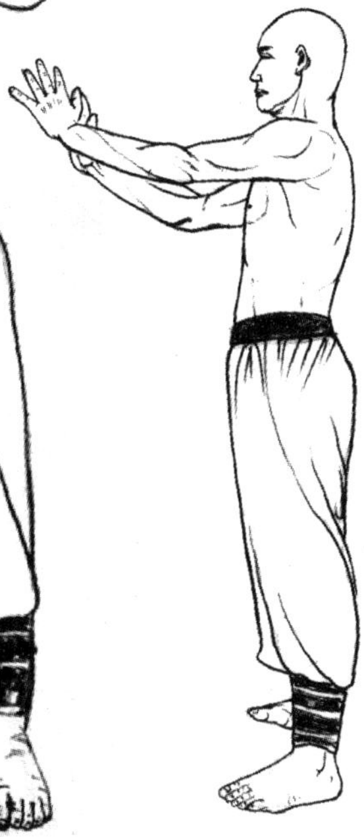

图 3–60 附

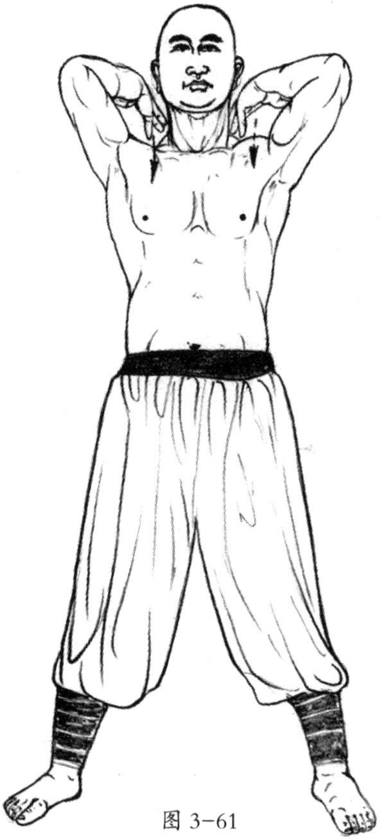

图 3–61

5. 两掌经耳后绕下过肩前。（图 3–62）

6. 两掌沿肋侧下按，直至腰侧，拇指在后，两手中指平脐，如叉腰状（两掌距体约 3 寸）；目视前方。然后，吞气 1 口。（图 3–63）

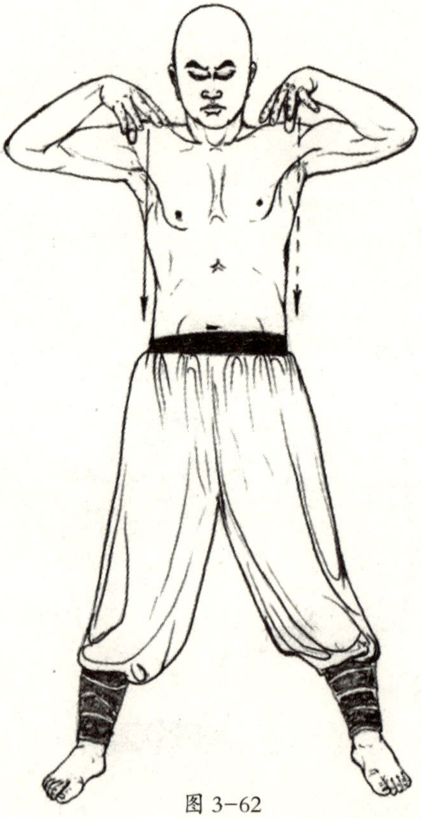

图 3–62

图 3–63

二、垂腰势

两掌屈指握拳，拳眼对腰，拳面向后；然后，吞气1口。（图 3–64）

图 3–64

三、提袍势

1. 两拳伸指，指尖向上，屈肘向后上提至腋下。（图 3–65）

图 3–65

2. 转掌至腋前，指尖向前，掌心向上。（图3–66）

3. 两掌向前伸出，转腕成掌心向下，指尖向前，两臂与肩平，如提物状；目视前方；同时，吞气1口。（图3–67）

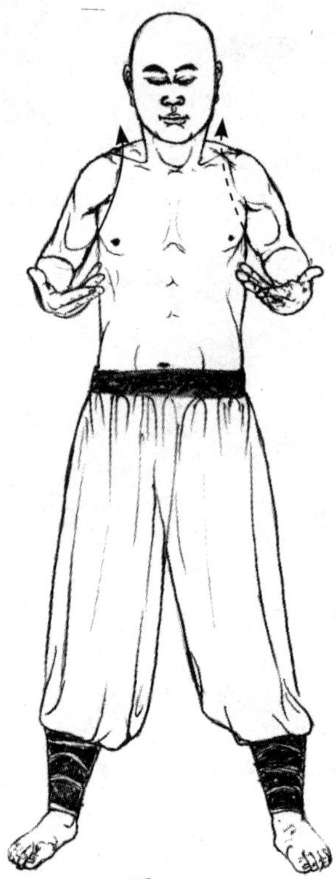

图 3–66

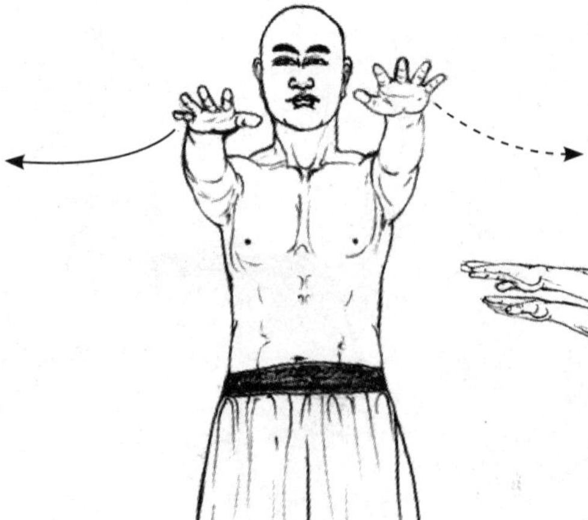

图 3–67

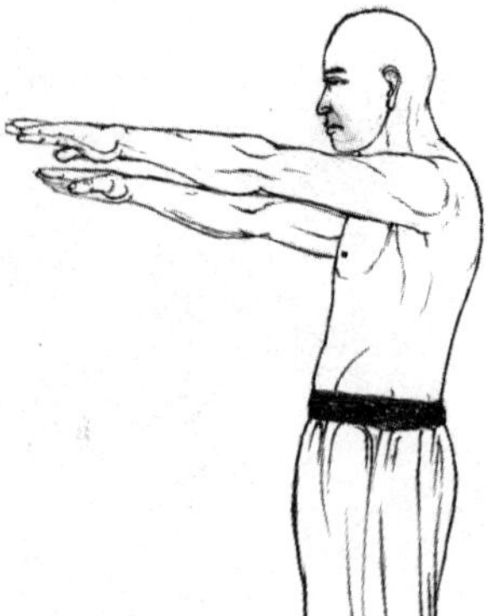

图 3–67 附

四、扑面势

1. 两掌展臂向左右分开，直至平肩，掌心向下，指尖向外；目视前方。（图 3–68）

2. 两掌向后画弧收至胸侧，继上转，经肩前上升至头部两侧（两掌距头部约 7 寸），缓缓将掌指松开，两手指尖遥遥相对，虎口向后；目视前方。（图 3–69）

图 3–68

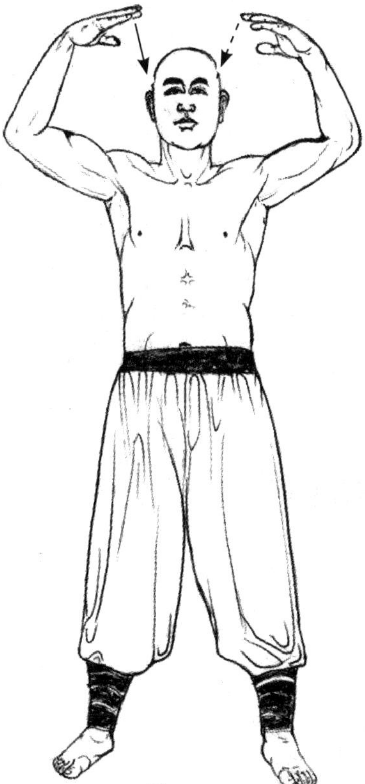

图 3–69

五、搔面势

1. 两掌外旋，指尖相对，虎口向上。（图 3–70）

2. 两掌一并，捂住颔、面，两掌棱、前臂内侧及肘部相贴，指尖向上，虎口向外。（图 3–71）

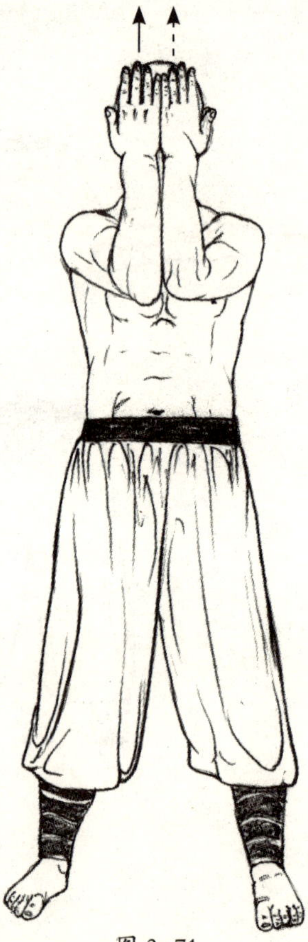

图 3–71

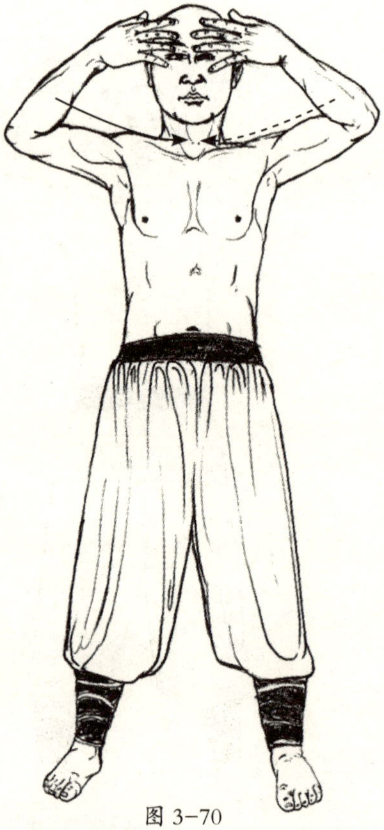

图 3–70

3. 两掌上推过额头。（图 3-72）

4. 屈指握拳，下收至颌前，拳心向里，前臂竖直，肘尖下垂；目视前方。（图 3-73）

5. 两拳伸指成掌，腕内旋成掌心向前，拇指相并，同时上伸至额前。（图 3-74）

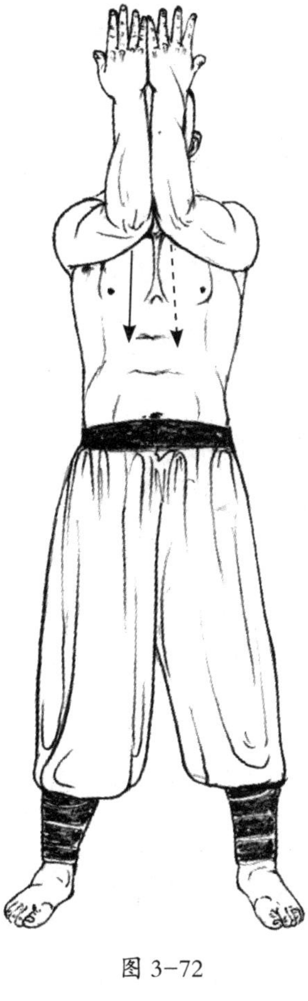

图 3-72

图 3-73

图 3-74

6. 两臂外转，成掌心向内，掌棱、肘臂相贴。（图 3–75）

7. 屈指握拳，下收至颌前，拳心向里，拳、前臂内侧均相贴；目视前方。（图 3–76）

图 3–75

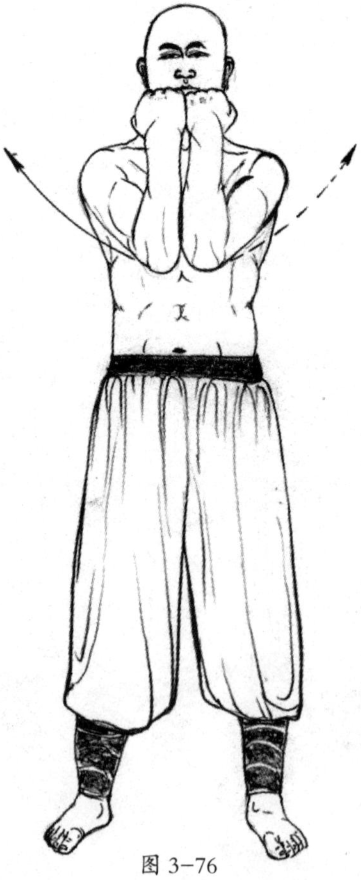

图 3–76

六、朝笏势

1. 两肘向上抬并左右拉开与肩平，两拳心向下，环臂如抱物状，两拳面遥遥相对，拳眼对两锁骨；目视前方；然后，吞气 1 口。（图 3–77）

2. 两拳变掌，下落于体侧。（图 3–78）

3. 左脚向右脚内侧收步，立正；呼吸自然，目视前方。（图 3–79）

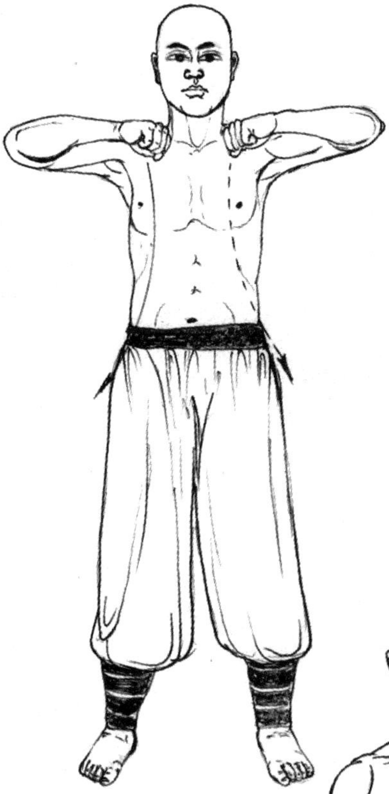

图 3–77

图 3–78

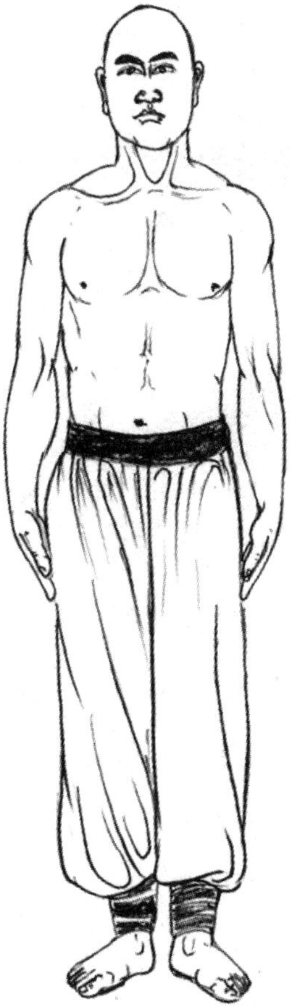

图 3–79

第四节 偏提势

一、左势

1. 立正姿势，两臂自然垂于体侧；呼吸自然，目视前方。（图 3–80）

2. 左脚向左侧横跨一大步，屈膝成左弓步；同时，两掌十指相叉于小腹前侧，手心向上；目视双手。（图 3–81）

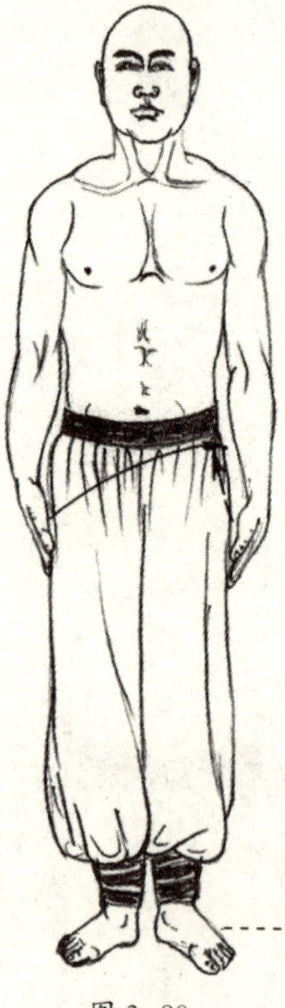

图 3–80

图 3–81

3. 两臂用力向头顶上方提举，至两臂伸直，两掌心相贴；目视双手。（图 3-82）

4. 两手直臂向左脚前地面下落，弯腰俯身，两虎口向前；目视地面。（图 3-83）

图 3-82

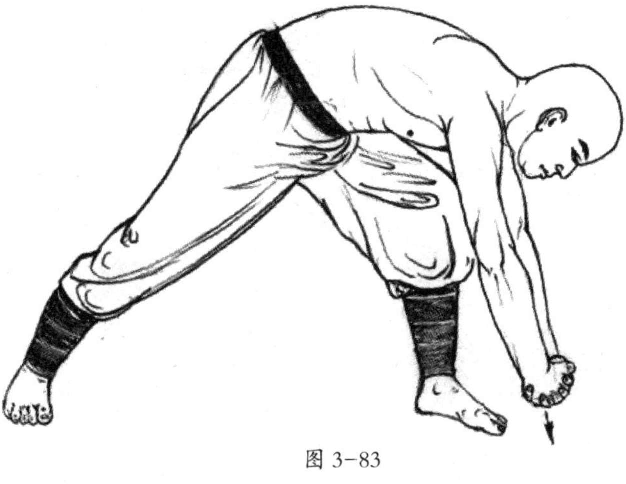

图 3-83

5. 两掌翻转（双手十指仍交叉），掌心撑地于左脚尖前。（图 3−84）

6. 接着，翻转两掌成掌心向上，收提至左膝前。（图 3−85）

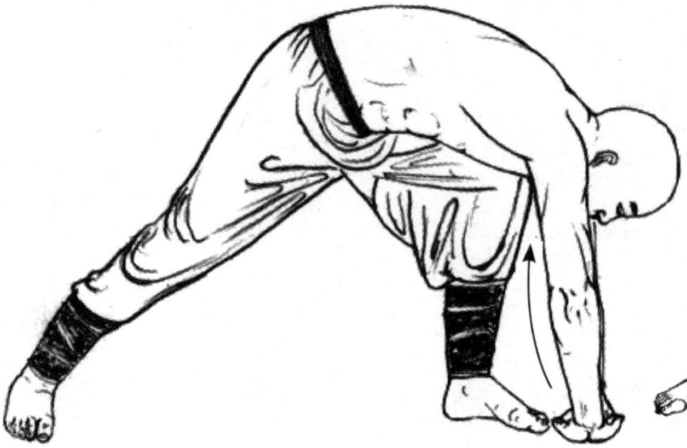

图 3−84

图 3−84 附

图 3−85

图 3-86

7. 两掌十指松开，用力向左右摔掌；同时，身腰挺直，目视前方。（图 3-86）

8. 两掌向左右上抬，屈臂，两掌绕耳，贴于脑后。（图 3-87）

9. 两掌于耳后屈指握拳，过肩下收于胸前，肘臂成环状，两拳面遥遥相对，拳心向下；目视左前方；然后，吞气 1 口。（图 3-88）

图 3-87

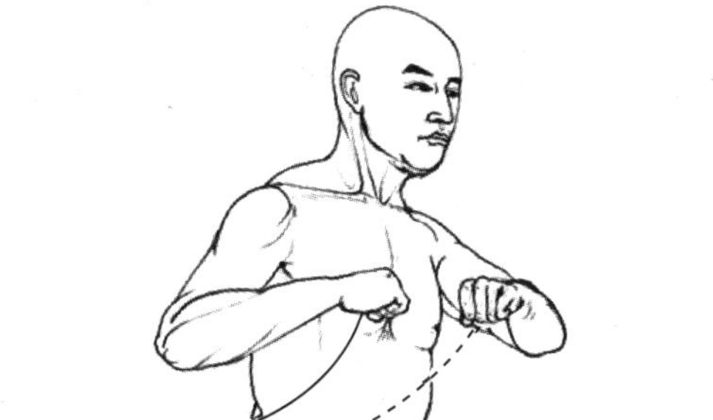

图 3-88

二、右势

1. 右势与左势动作相同，唯方向相反。（图 3–89～图 3–96）

图 3–89

图 3–90

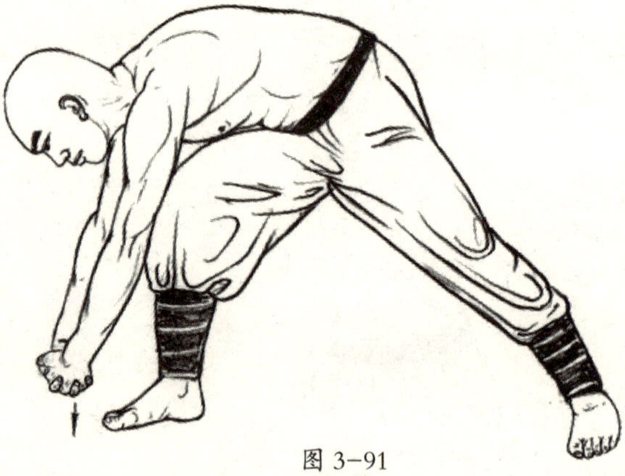

图 3–91

图 3-92

图 3-93

图 3-94

图 3-95

图 3-96

2. 左右各做 3 次，共吞气 6 口。动作完成后，转体面向正前方，两拳成掌下垂于体侧。（图 3−97）

3. 左脚收步于右脚内侧，立正；呼吸自然，目视前方。（图 3−98）

图 3−97

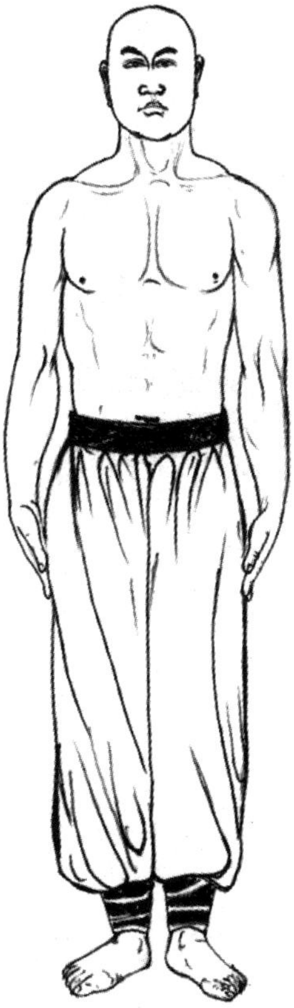

图 3−98

第五节 正提势

1. 立正姿势，两掌自然垂于体侧；呼吸自然，目视前方。（图 3-99）

2. 左脚横开一步，两脚间距略宽于两肩，开步正身直立；两掌收于腹前，十指相叉，掌心向上；目视前方。（图 3-100）

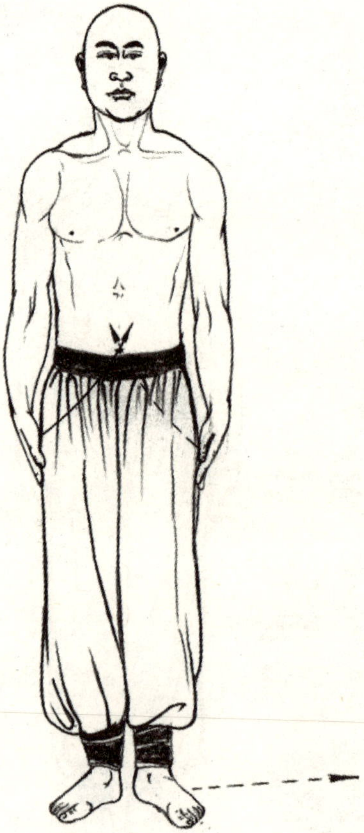

图 3-99

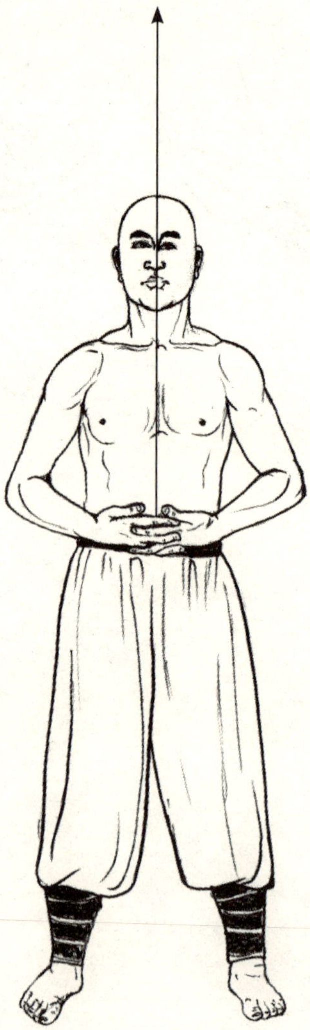

图 3-100

3. 两掌向上伸举于头顶上方，掌心相贴；目视前上方。（图3-101）

4. 上身缓缓前俯，两腿挺直，两手如作揖状至身前地面，两手背触地；目视两手。（图3-102）

5. 两掌翻转成掌心撑地。（图3-103）

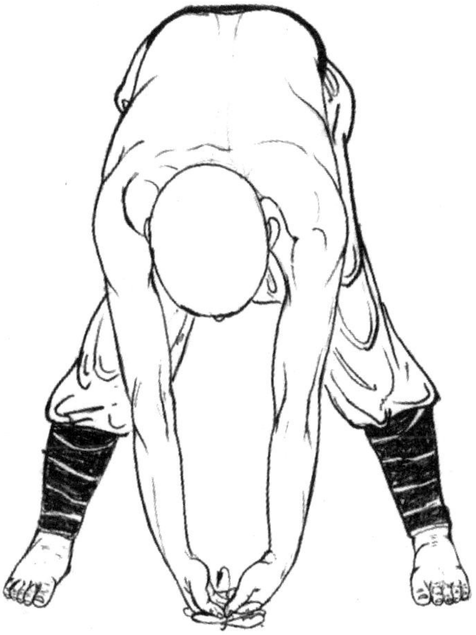
图 3-102

图 3-101

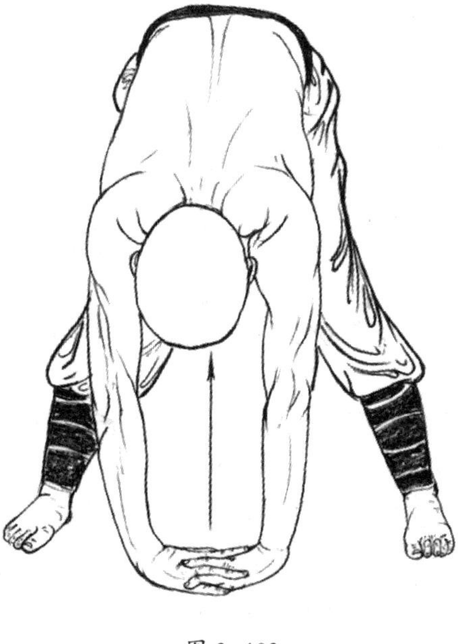
图 3-103

6. 两掌翻转，掌心向上，缓缓起身。（图 3–104）

7. 两掌收提至小腹前时，十指松开，用力一摔，斜伸体侧。随即立身正直。（图 3–105）

图 3–104

图 3–105

8. 两掌分开向上，绕至耳后。（图 3–106）

9. 屈指握拳，下收胸前，两肘臂如环抱状，拳心向下，两拳眼对两乳；目视前方，正面（竖项端正头面），吞气 1 口。（图 3–107）

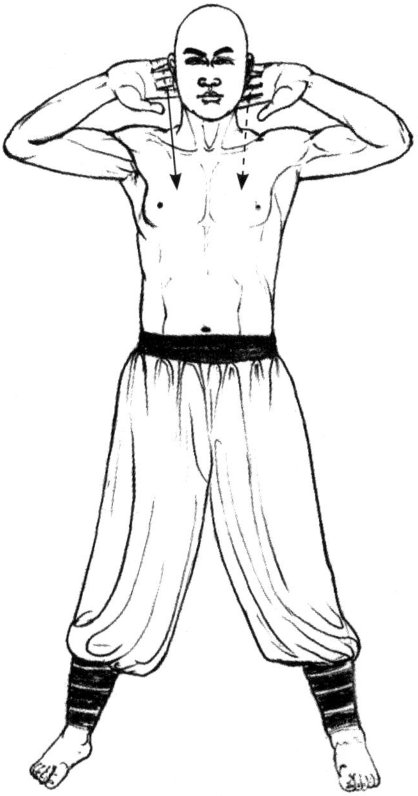

图 3–106

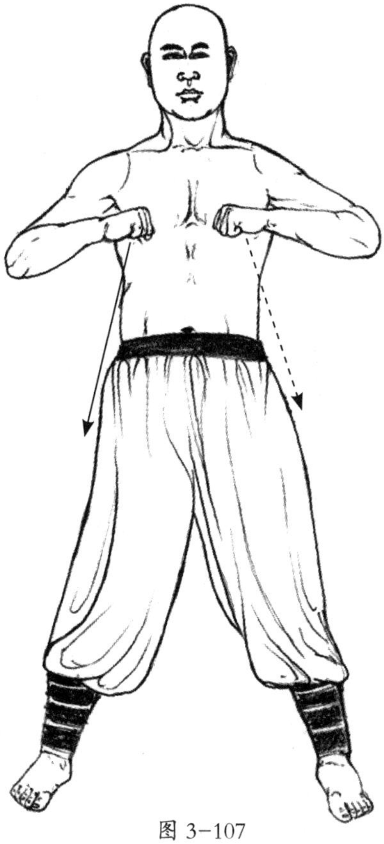

图 3–107

10. 正面 3 次，共吞 3 口气后，两拳松指成掌，下垂于体侧。（图 3–108）

11. 左脚收步于右脚内侧，成立正姿势，呼吸自然；目视前方。（图 3–109）

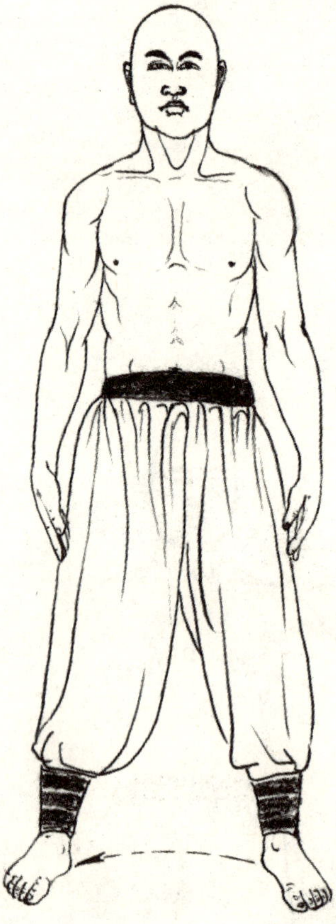

图 3–108

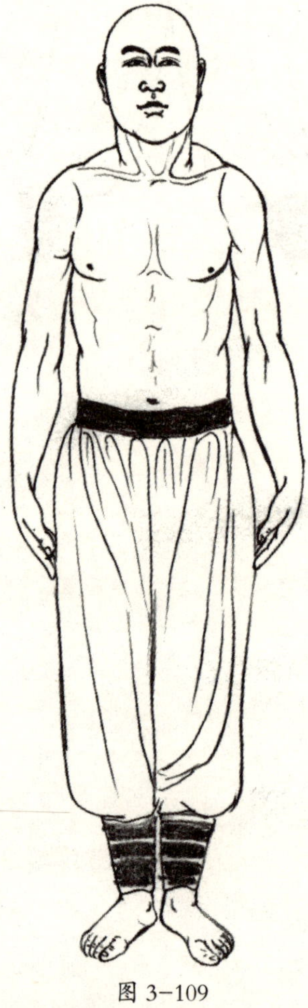

图 3–109

第六节 薛公站势

1. 立正姿势，两臂自然垂于体侧，呼吸自然；目视前方。（图 3-110）

2. 左脚横开一步，两脚距离略宽于肩，成开步正身直立。（图 3-111）

图 3-111

图 3-110

3. 两掌向两侧抬起，屈肘收掌于两耳后，掌心向前，虎口向下；目视前方。（图 3-112）

4. 两掌经肩前向下按至两乳前，掌心向下，指尖向里遥遥相对，十指松开；目视前方。（图 3-113）

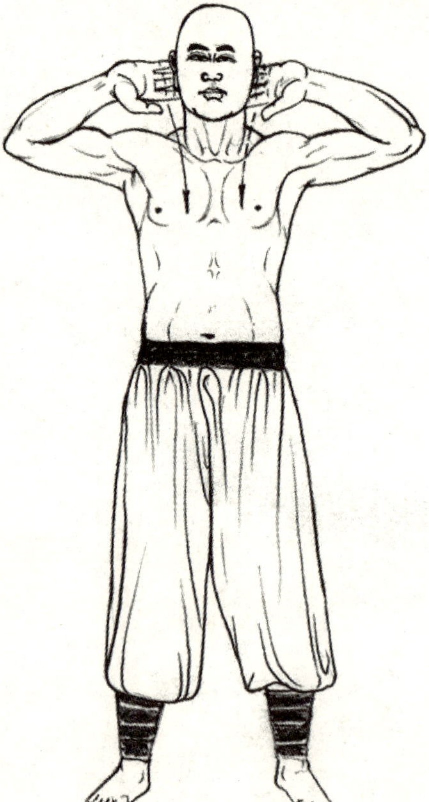

图 3-112

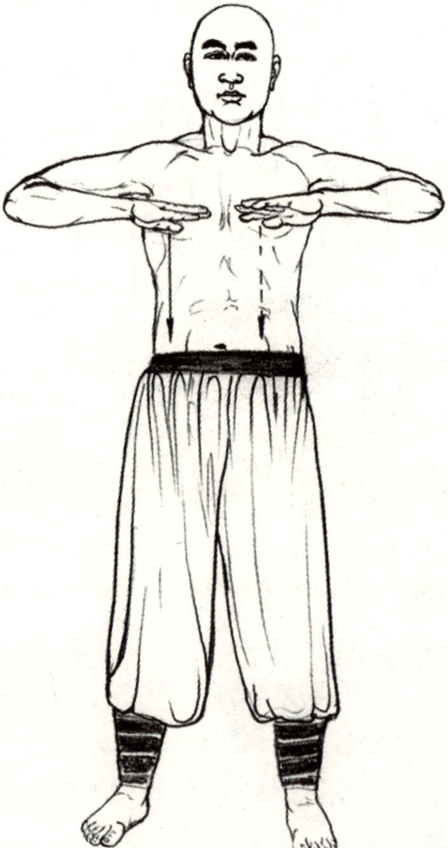

图 3-113

5. 动作不停，两掌继续下按，直至肚脐前，两掌至与脐平时即暂停。（图 3–114）

6. 两掌外转，由肋下绕出，掌心向上收于肋侧。（图 3–115）

图 3–115

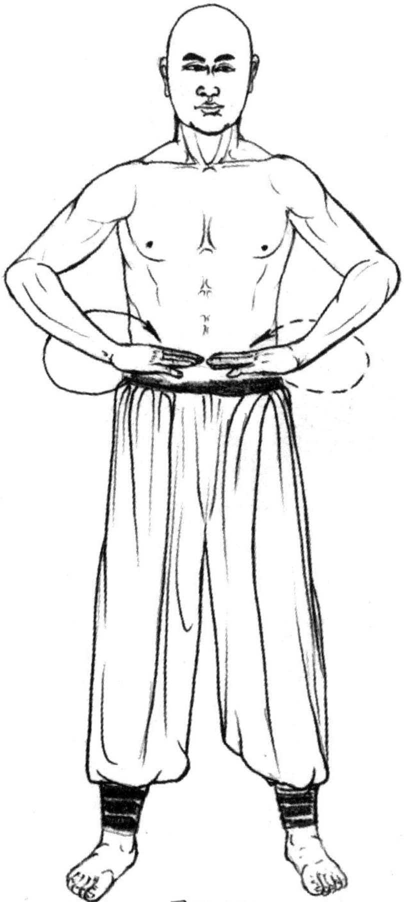

图 3–114

7. 两掌缓缓托起，至肩前，指尖向前，掌心向上。（图3−116）

8. 手腕外转，指尖向后，托于肩上，拇指在肩前，其余四指在肩后，肘尖下垂；目视前方。（图3−117）

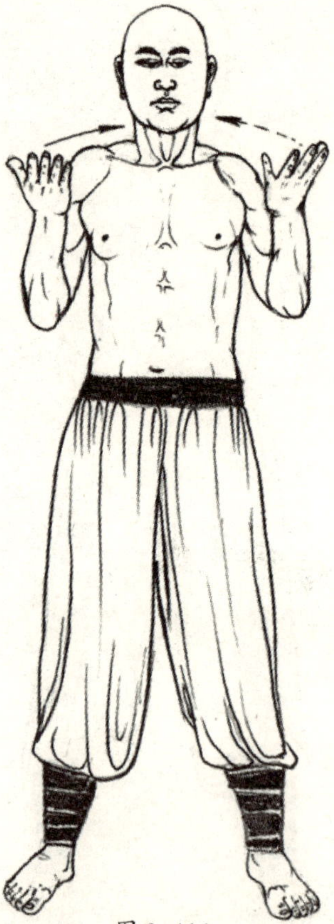

图 3−116

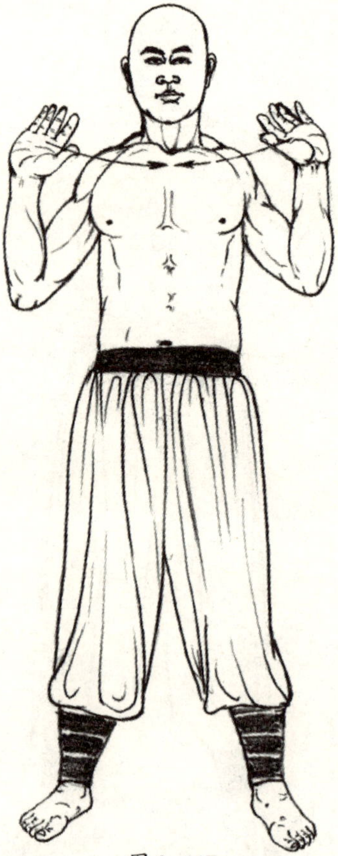

图 3−117

9. 两掌在颌前相并，掌棱相贴，掌心向上，指尖向前，两掌与颌平，前臂内侧相贴；目视前方。（图 3–118）

10. 两掌相并，缓缓上托过头顶。（图 3–119）

图 3–118

图 3–118 附

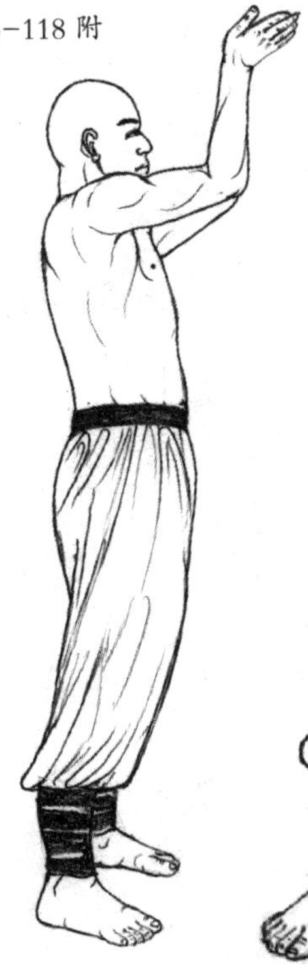

图 3–119 附

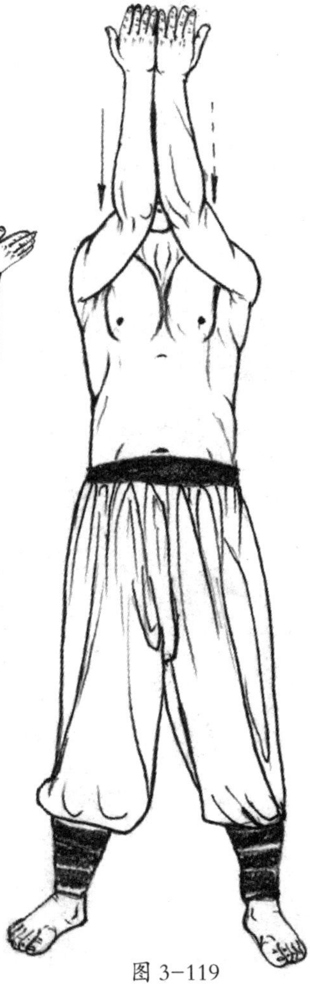

图 3–119

11. 十指缓缓屈握成拳，拳心向里，下收与颌平，两前臂内侧仍相贴；目视前方。（图 3–120）

12. 两拳放开，仰掌，两拇指相接，两指尖向左右，前臂自然分开；目视前方。（图 3–121）

13. 两掌缓缓托至额前。（图 3–122）

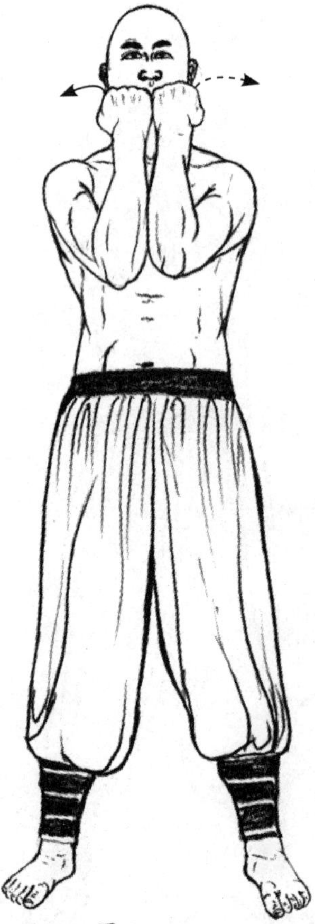

图 3–120

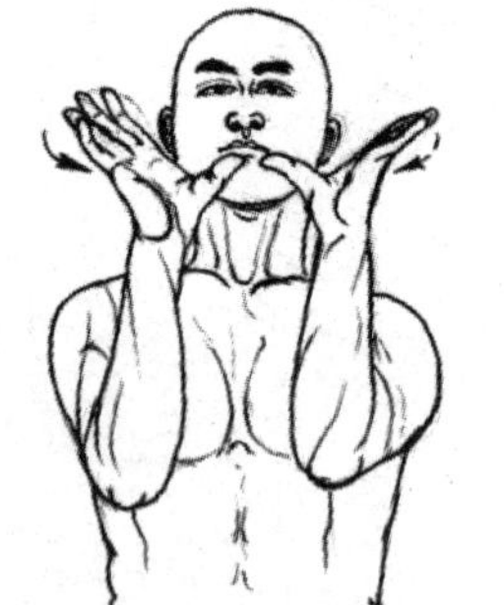

图 3–121

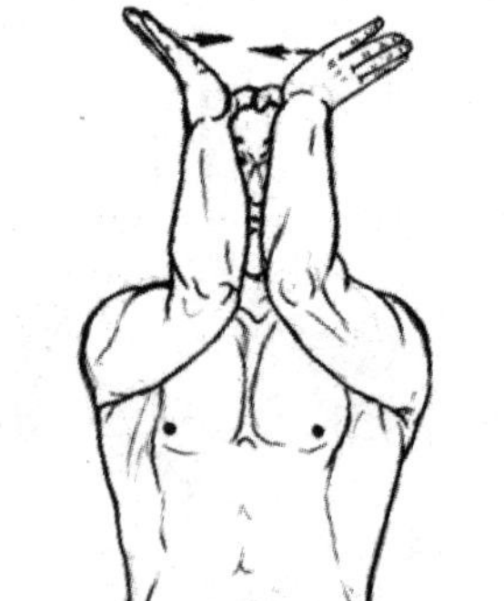

图 3–122

14. 转掌，两掌棱相贴，掌心与面相对，指尖向上。（图 3–123）

15. 屈指握拳，下收与颌平，拳心向里；目视前方。（图 3–124）

16. 十指伸直，掌心向上，指尖斜向上，两掌相并，缓缓上托过头顶。（图 3–125）

图 3–123

图 3–124

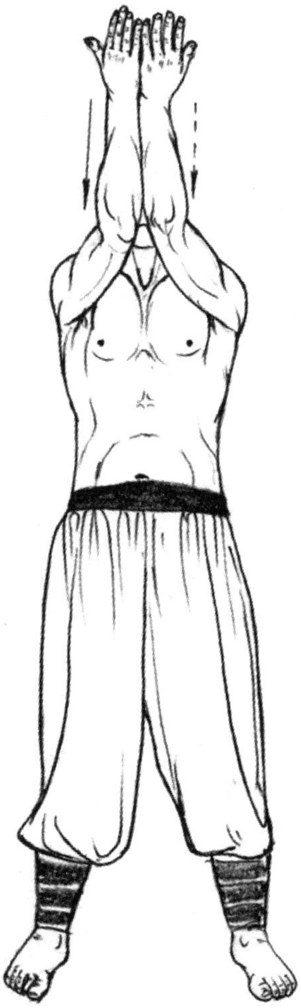

图 3–125

17. 十指缓缓屈握成拳，拳心向里，下收与颔平，两前臂内侧仍相贴；目视前方。（图 3-126）

18. 伸指成掌，相并上伸于额前，掌心与面相对，指尖向上，两前臂内侧略分开。（图 3-127）

19. 屈指握拳，下收至胸前时，两肘外分，环臂如抱物状，拳心向下，两拳面遥遥相对，拳眼对两乳；目视前方；吞气 1 口。（图 3-128）

图 3-126

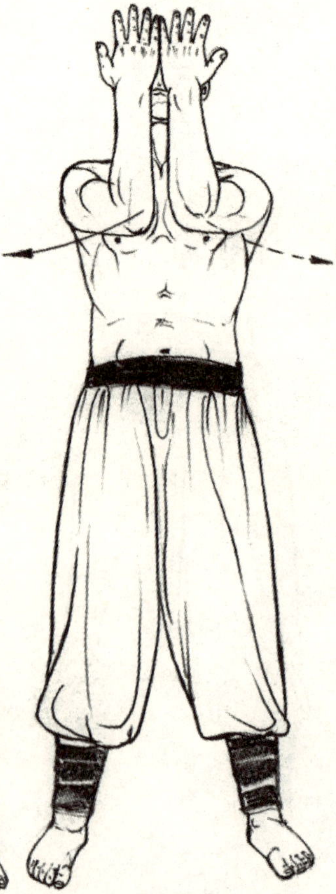

图 3-127

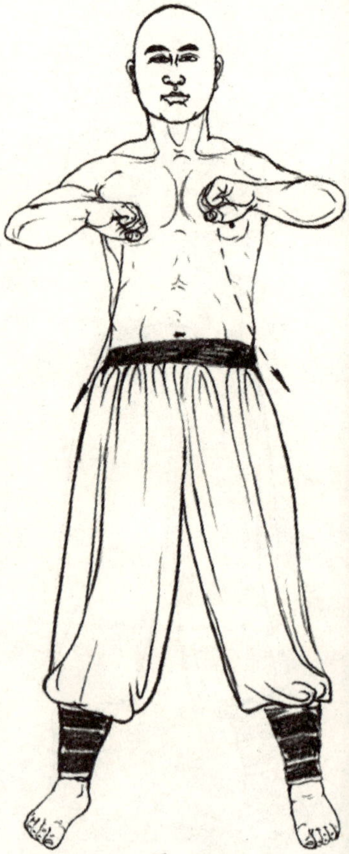

图 3-128

20. 共吞 3 口气后，两拳变掌下落于体侧。（图 3−129）

21. 左脚收步于右脚内侧，立正；呼吸自然，目视前方。（图 3−130）

图 3−129

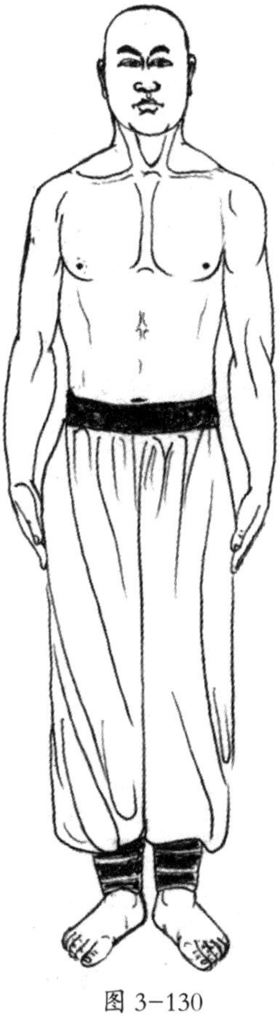

图 3−130

第七节　列肘势

一、左势

1. 立正姿势，两掌自然垂于体侧；呼吸自然，目视前方。（图 3–131）

2. 左脚横开一大步，左腿屈膝成左弓步；左掌抱右拳于胸前；目视左前方。（图 3–132）

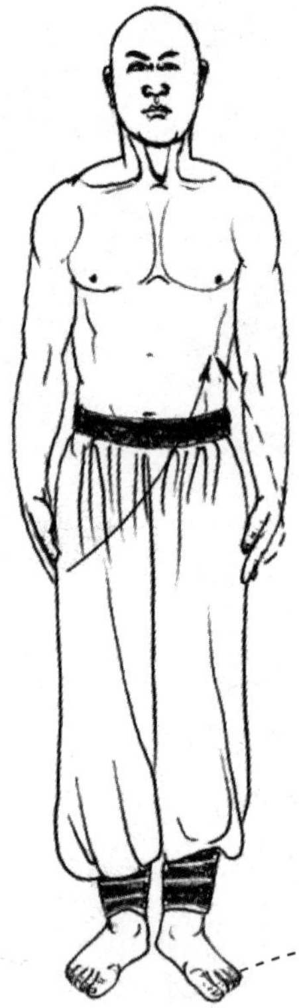

图 3–131

图 3–132

图 3-133

3. 左肘向左顺势一送即撤回，将身蹲下，重心落于右腿，屈膝下蹲；左腿伸直成仆步，脚尖上翘。左掌仍抱住右拳，右肘臂上抬。目视左脚。（图 3-133）

4. 接着，起身，右腿蹬伸向左用力，成左弓步，上身向左探；此时，吞气 1 口；右肘臂随势上抬，目视左前地面。（图 3-134）

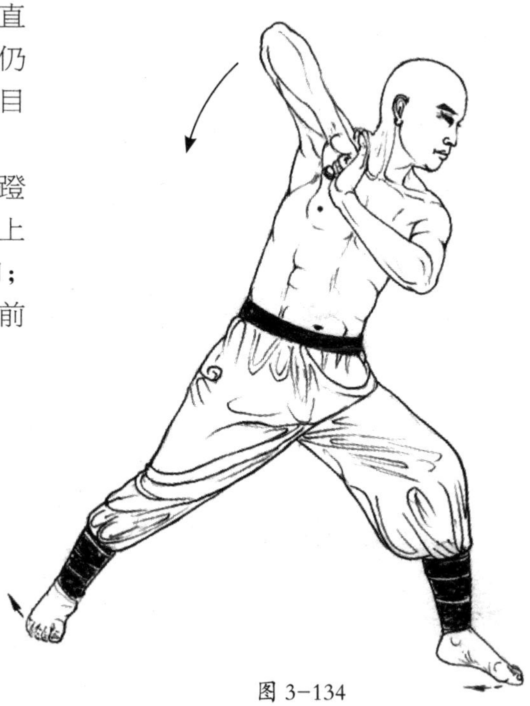

图 3-134

二、右势

1. 右转身做右势列肘势，与左势动作相同，唯方向相反。（图3–135～图3–137）

图 3–135

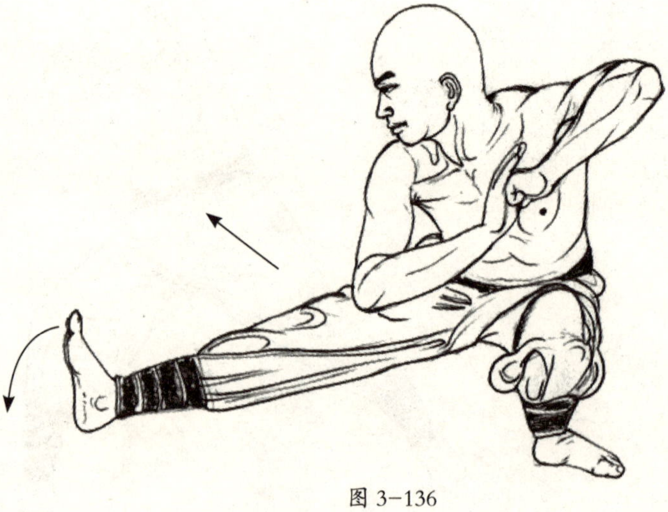

图 3–136

图 3-137

2. 左右各做 3 次，共吞气 6 口后，上体转正，放下双掌垂于体侧；目视前方。（图 3-138）

3. 左脚收步于右脚内侧，立正；呼吸自然，目视前方。（图 3-139）

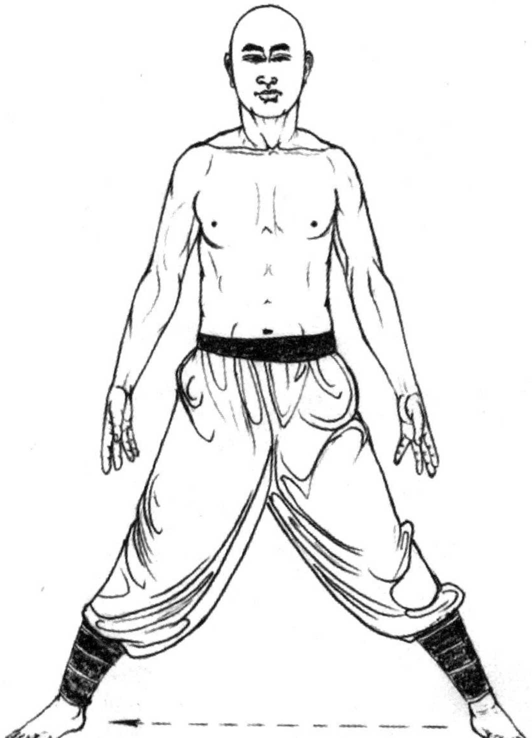

图 3-138

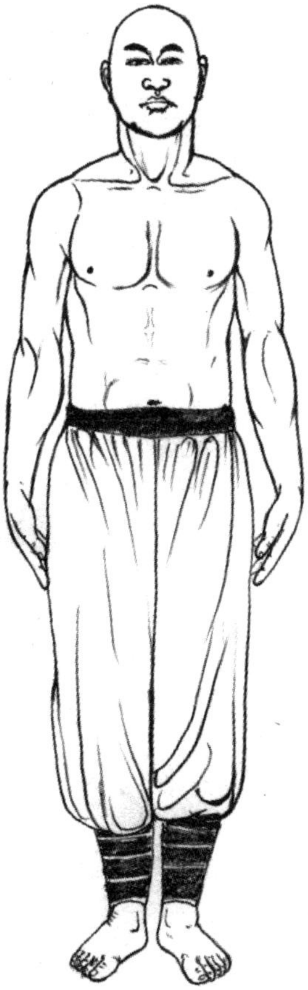

图 3-139

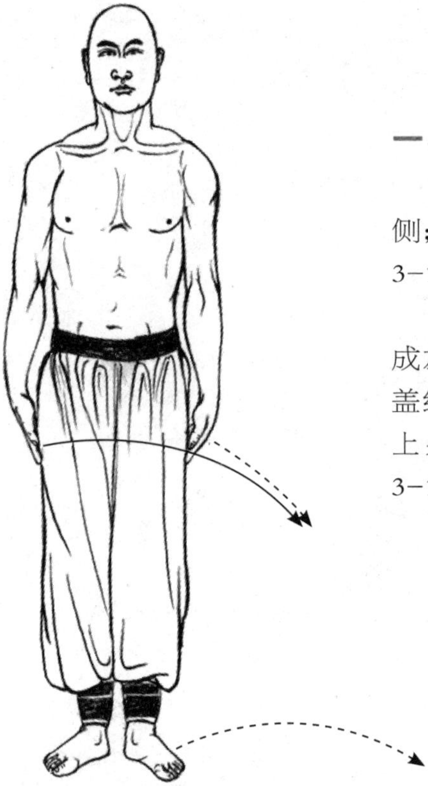

图 3-140

第八节 伏膝势

一、左势

1. 立正姿势，两掌自然垂于体侧；呼吸自然，目视前方。（图 3-140）

2. 左脚向左侧横开一步，屈膝成左弓步；双掌按在左大腿面距膝盖约 2 寸处，左掌按在右掌背上，上身微前俯；目视左前方。（图 3-141）

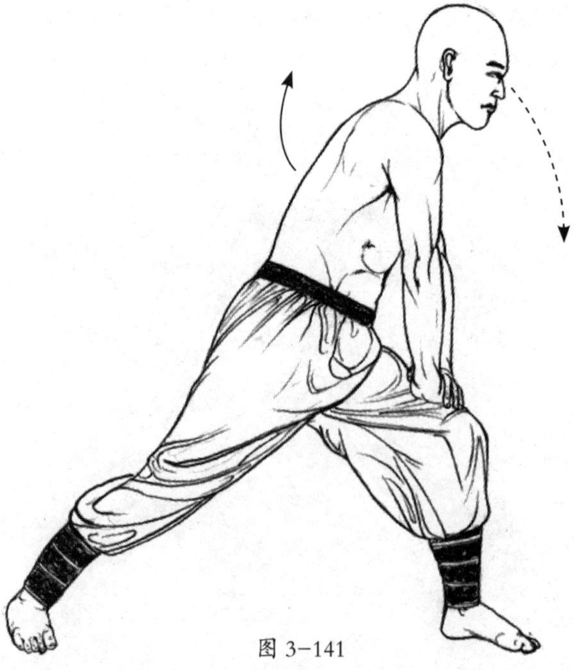

图 3-141

图 3-142

3. 身体微侧，面向左，目向前方平视；吞气1口。然后，背拱，顶直，目视足尖前方约6寸的地面。（图3-142）

二、右势

1. 右转身成右弓步做右势，与左势动作相同，唯方向相反。（图3-143、图3-144）

图 3-143

图 3-144

2. 左右各做 3 次后，左脚收步于右脚内侧，立正；两掌自然垂于体侧；呼吸自然，目视前方。（图 3-145）

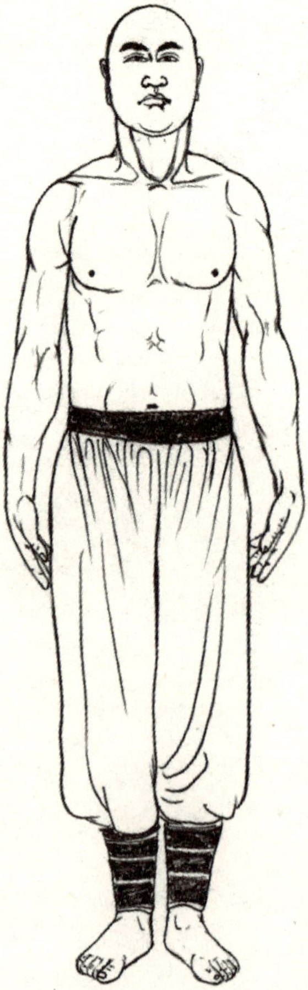

图 3-145

第九节 站消势

一、窝里炮

1. 立正姿势，两掌自然垂于体侧；呼吸自然，目视前方。（图 3－146）

2. 左脚向左横开一大步，左腿屈膝成左弓步。同时，左掌俯掌于心口前，掌心向下，虎口向里；右掌仰于肚脐前，掌心向上，指尖向左。目视正前方。（图 3－147）

图 3－146

图 3－147

3. 两手顺势横拉握拳，左拳平腹，拳眼向内，拳心向下；右拳置于右腰侧，拳眼向里，拳心向下；吞气1口。然后，转头目视左前方。（图3-148）

图 3-148

二、冲天炮

将左拳放开，自下往上一绕，随即握拳向上竖立，拳与额角平齐；吞气1口，目视左腕。（图3-149）

图 3-149

图 3-150

三、穿心炮

1. 将左拳放开，竖掌转向左耳后，掌心向后，虎口向上；目视斜前方。（图 3-150）

2. 左掌绕耳后握拳（握固）向左前伸出，拳背向上；吞气 1 口。然后，转头目视左侧方。（图 3-151）

图 3-151

四、右势

1. 右势与左势动作相同，唯方向相反。（图 3−152 ~ 图 3−156）

图 3−152

图 3−153

图 3-154

图 3-155

图 3-156

2. 左右各做 3 次，共吞气 18 口后，放下双掌自然垂于体侧；面向正前方。（图 3-157）

3. 左脚收步于右脚内侧，立正；呼吸自然，目视前方。（图 3-158）

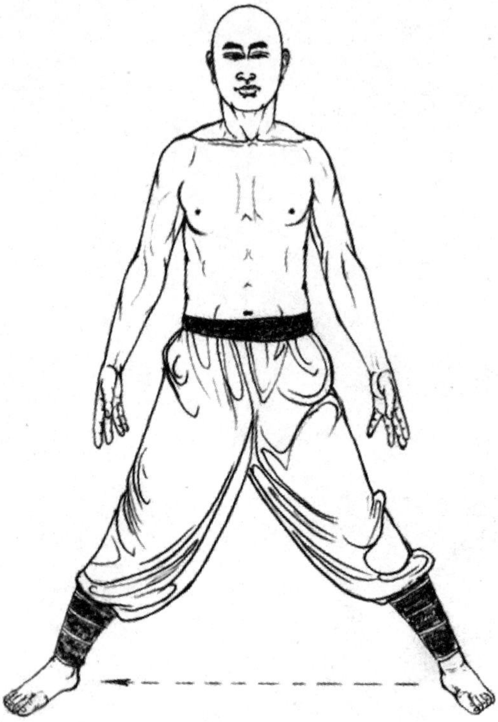

图 3-157

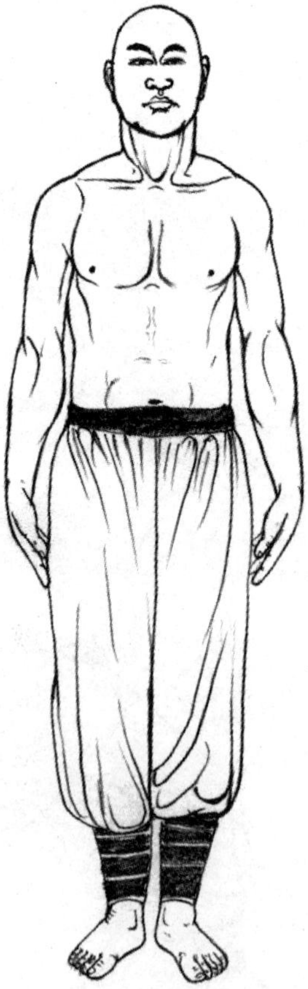

图 3-158

第十节 海底捞月势

1. 立正姿势，两臂自然垂于体侧；呼吸自然，目视前方。（图3-159）

2. 左脚向左横跨一大步，左腿屈膝成左弓步；左掌按在左大腿面上，拇指在外，其余四指在里；右手绕耳后沿肋侧下落于右大腿后侧成刁手，勾尖向后；目视正前方。（图3-160）

图3-160

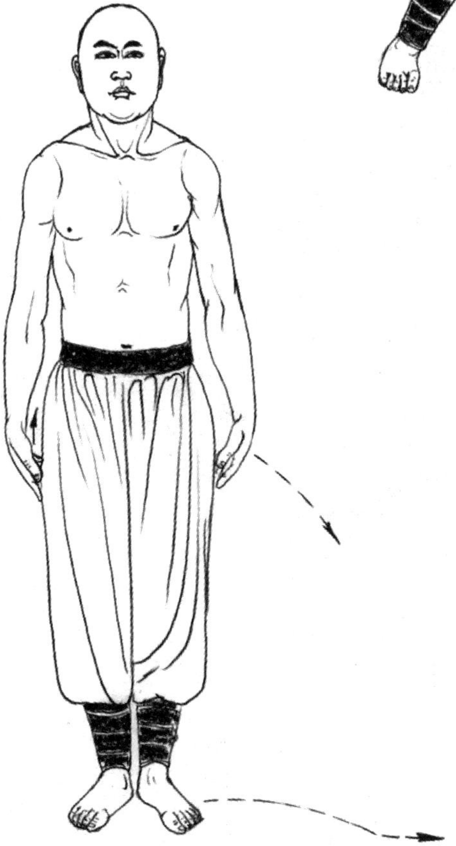
图3-159

3. 左弓步、右刁手不变，左掌上收绕左耳后。（图 3-161）

4. 仰掌向左侧方伸出，高与肩平，目视正前方。（图 3-162）

图 3-161

图 3-162

5. 接着，左掌一转，掌心向下。（图 3–163）

6. 头俯腰屈，左掌向左脚下捞至右脚外侧。（图 3–164、图 3–165）

图 3–163

图 3–164

图 3-165

图 3-166

7. 腰身随起，左手经右侧向左侧上做屈肘竖臂握拳的望月状，拳眼与面相对；目视拳眼；然后，吞气 1 口。（图 3-166）

8. 接着，右转身做右侧捞月状，与左侧动作相同，唯方向相反。（图 3-167 ~ 图 3-172）

图 3-167

图 3-168

图 3-169

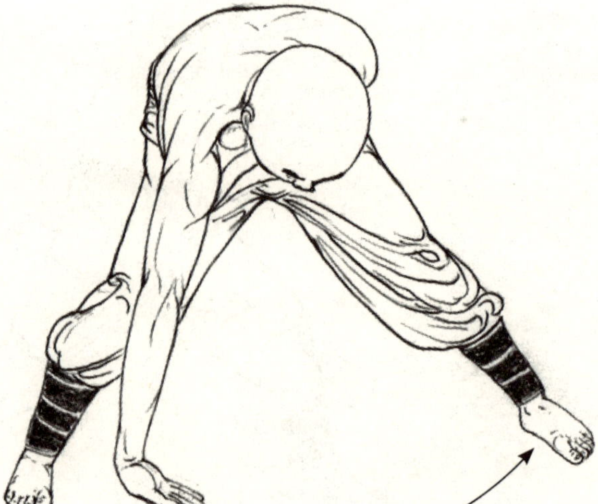

图 3-170

图 3-171

图 3-172

9. 左右各做3次，共吞气6口后，放下双掌自然垂于体侧；目视正前方。（图3-173）

10. 左脚收步于右脚内侧，立正；呼吸自然，目视前方。（图3-174）

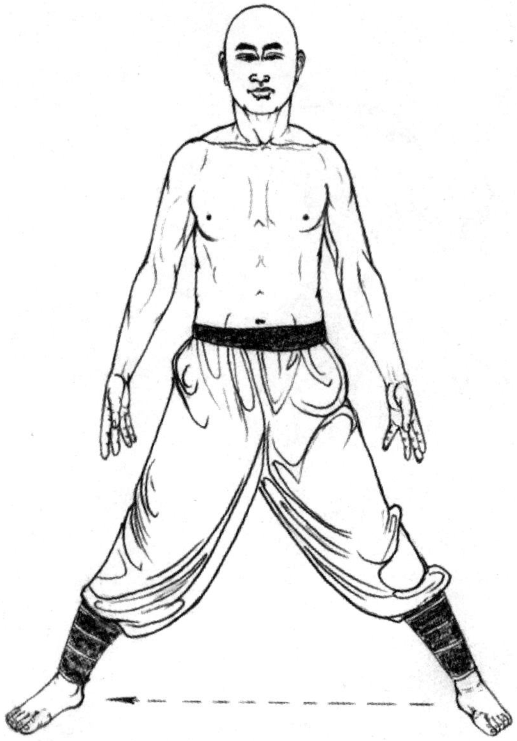

图 3-173

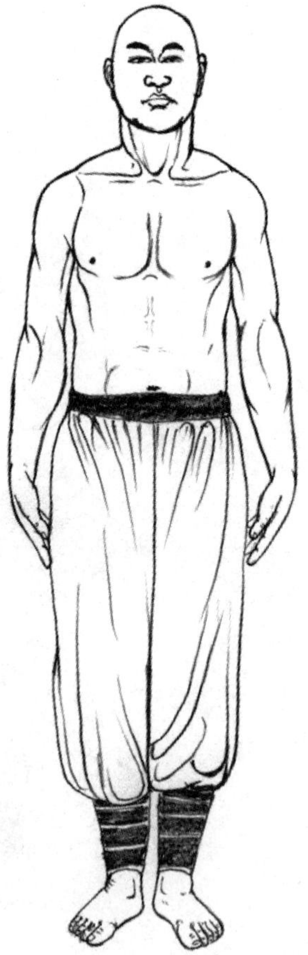

图 3-174

第十一节　操袋势

一、操袋的制作

用厚帆布缝制一个圆柱形布袋，长约 60 厘米，粗（圆柱周长）约 13 厘米，一端缝牢固，装入五谷（稻子、小麦、玉米、绿豆、大豆），在另一端留 6 ～ 7 厘米空余处用绳扎紧，余尾处作为手执之柄。重约 1 千克。（图 3–175）

图 3–175

二、操打的部位顺序及法则

操打时，先左后右，手脚四面俱要打到。

1. 先从左手上臂内侧、左肘窝，顺打至左手心、中指尖止。此为左手里面。

2. 再从左上臂外侧、肘关节外侧，顺打至左手背、中指尖止，此为左手外面。

3. 再从左腋窝起，顺打至左小指侧止。此为左手下面。

4. 再从左肩胛起，顺打至左手大指侧止。此为左手上面。

左手四面打完，接着打左脚。

5. 先从左肋起，顺打至小腹左，及左大腿面，左膝，左小腿前面，左脚面，左足趾尖。此为左脚前面。

6. 再从左腋窝下起，斜打至左腰眼，至外踝转至左小趾侧止。此为左脚外面。

7. 再从左锁骨下起，顺打至小腹左侧，再顺胁腹之际，横打至肚腹右；换左手持袋，由右横打至肚腹左，右手掩护外阴，左手再自小腹左打起，从左腿里面打至左脚踝，左脚趾侧止。此为左脚里面。

8. 再右手持袋，从头顶上方绕过打脊柱 20 下；换用左手持袋，反手打背脊膂下，挨次至腰眼；将手一转，顺打至左臀、左腿、左腘窝、左腿肚，到左脚踝止。此为左脚后面。

左脚四面打完，接打右手右脚，法如前。

打时须自上至下密密顺打，不可脱漏，亦不可逆打。如有脱漏，不可补打。总须一气呵成。

凡打时，必先吞气 1 口。

行打功 1 个月或 2 个月之后，添巡手势，共吞气 4 口。又过 10 日再添偏提势，吞气 6 口；正提势，吞气 3 口。又过 10 日，再添薛公站势，吞气 3 口。又过 10 日，再添列肘势，吞气 6 口。到此，此段功成。

三、行功图

（一）冲天炮

1. 立正姿势，两脚跟靠拢，脚尖外摆成八字；右手持袋，两臂自然垂于体侧；呼吸自然，目视前方。（图 3–176）

2. 左脚向左侧横开一大步，左腿屈膝成左弓步；左手由肋下一绕，握拳屈肘竖臂于左前方，拳高与额平，拳心对面；吞气 1 口。（图 3–177、图 3–178）

图 3–176

图 3–177

图 3-178

3. 右手持袋，从左上臂内侧，经左肘窝，密密顺打至左手心，到指尖止。（图 3-179～图 3-188）

图 3-179

图 3-180

图 3-181

图 3-182

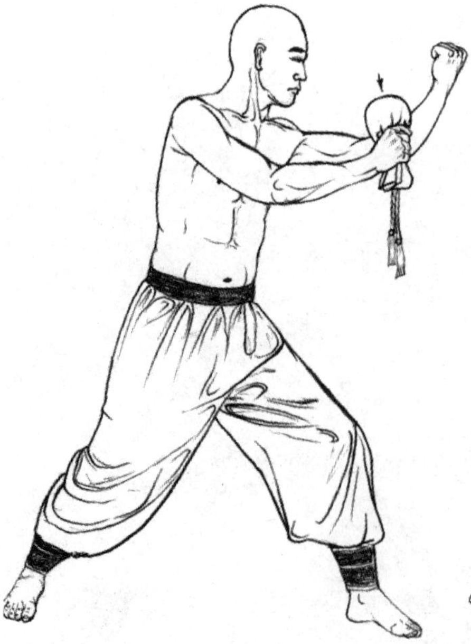

图 3-183

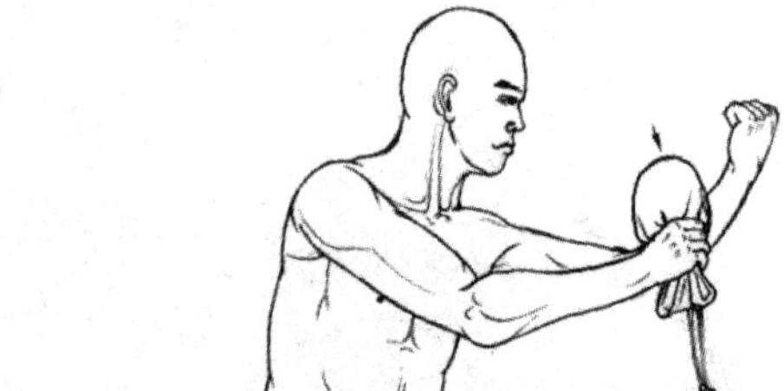

图 3-184

图 3-185

图 3-186

图 3-187

图 3-188

（二）穿心炮

左拳放开，由耳后一转即握拳并向左前伸臂，高与肩平，拳心向下；吞气 1 口；右手持袋从左上臂外侧、肘关节外侧，顺打至左手背，到指尖止。此为左手外面。（图 3–189 ~ 图 3–198）

图 3–189

图 3–190

图 3-191

图 3-192

图 3-193

图 3-194

图 3-195

图 3-196

图 3-197

图 3-198

（三）刁手

左手向耳后绕过作刁手；吞气 1 口；右手持袋由左腋窝起，顺打至左小指侧止。此为左手下面。（图 3−199～图 3−206）

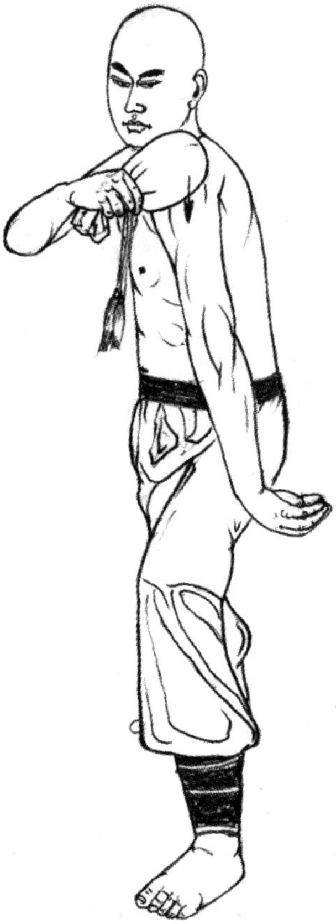

图 3−199

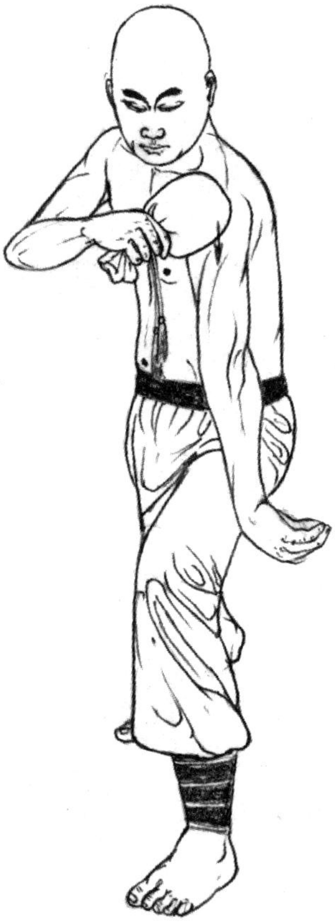

图 3−200

图 3-202

图 3-201

图 3-203

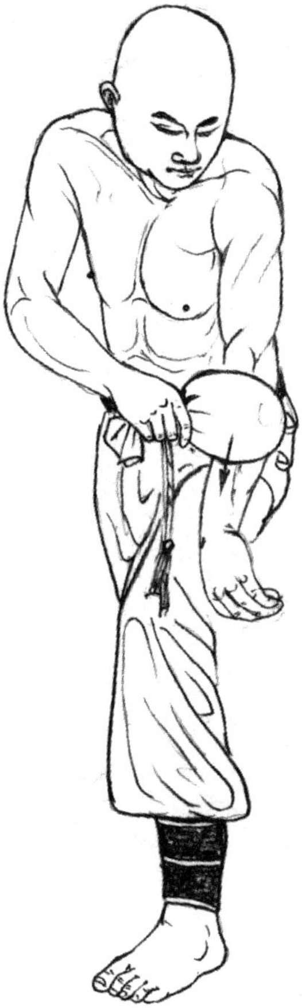

图 3-204

图 3-205

图 3-206

（四）小冲天炮

左手一转即握拳上竖做冲天炮势，稍低；吞气1口；右手持袋从左肩胛起，顺打至左手大拇指侧止。此为左手上面。（图3-207～图3-214）

图 3-207

图 3-208

图 3-210

图 3-209

图 3-211

图 3-212

图 3-214

图 3-213

（五）打鼎

1. 将左手从肋下一转握拳，尽力上举，拳眼向上；吞气 1 口；仰面目视上举之拳。（图 3–215）

2. 右手持袋从左肋起，顺打至小腹左侧，以及左大腿面、左膝、左小腿前面、左脚面、左足趾尖。（图 3–216 ~ 图 3–226）

图 3–215

图 3–216

图 3-218

图 3-217

图 3-219

图 3-220

图 3–221

图 3–222

图 3-223

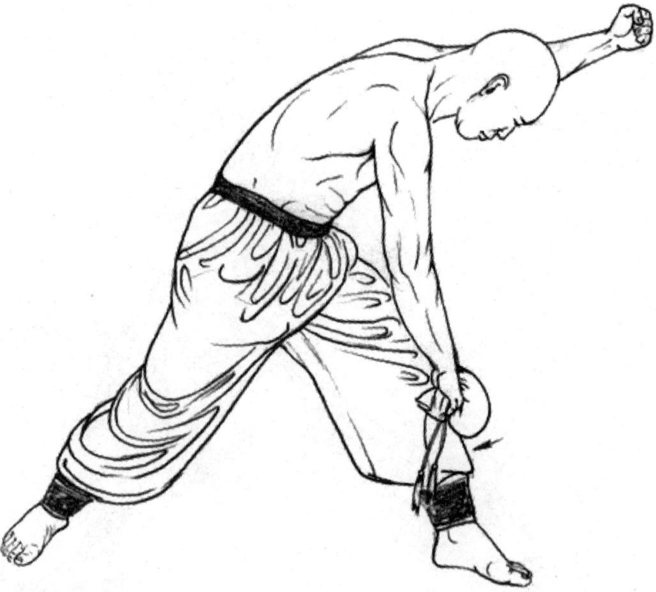

图 3-224

图 3-225

图 3-226

（六）盘肘

左拳放开由耳后绕下，即屈肘握拳平胸，拳心向下，肘微抬；右手持袋从左腋窝下起，斜打至左腰眼，再至外踝转，于左小趾侧止。（图 3-227～图 3-238）

图 3-227

图 3-228

图 3-229

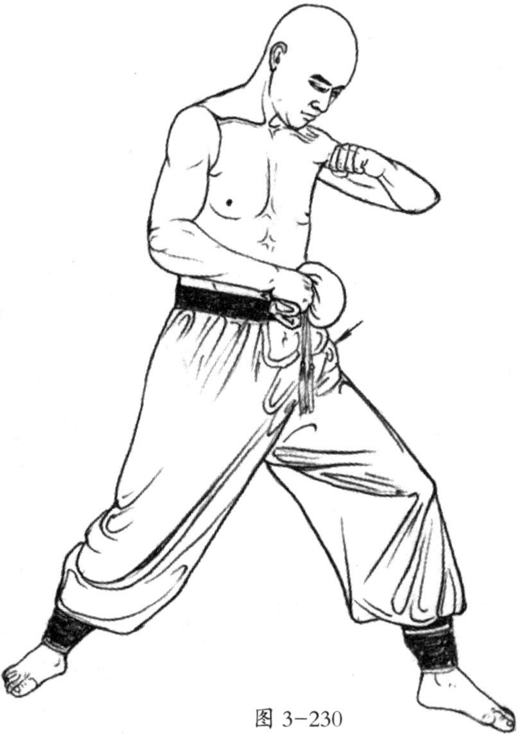

图 3-230

图 3-231

图 3-232

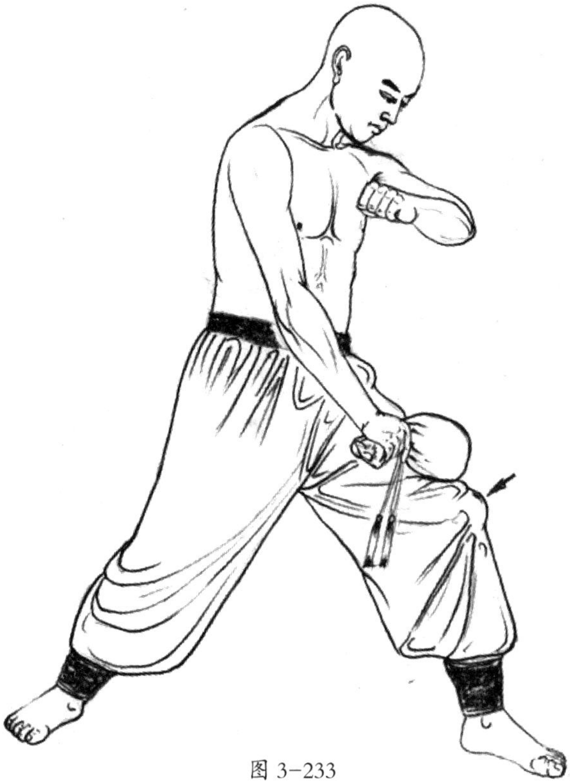

图 3-233

图 3-234

图 3-235

图 3-236

图 3-237

图 3-238

（七）刁手

1. 左拳放开，由耳后一转做刁手状；吞气1口，右手持袋从左锁骨下起，顺打至小腹左侧，再顺胁腹之际横打至肚腹右。（图3–239～图3–244）

图 3–239

图 3–240

图 3-241

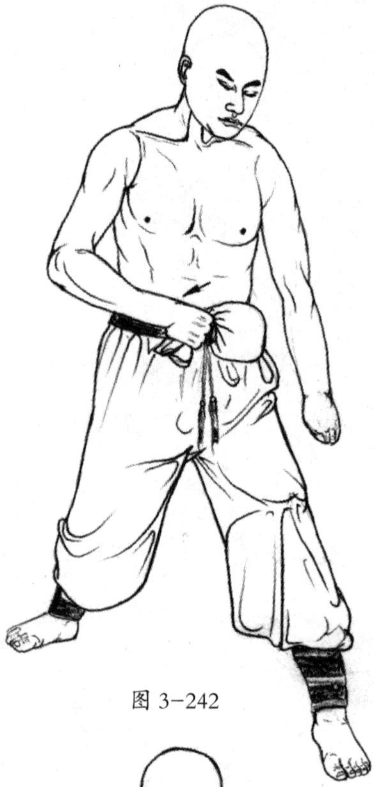

图 3-242

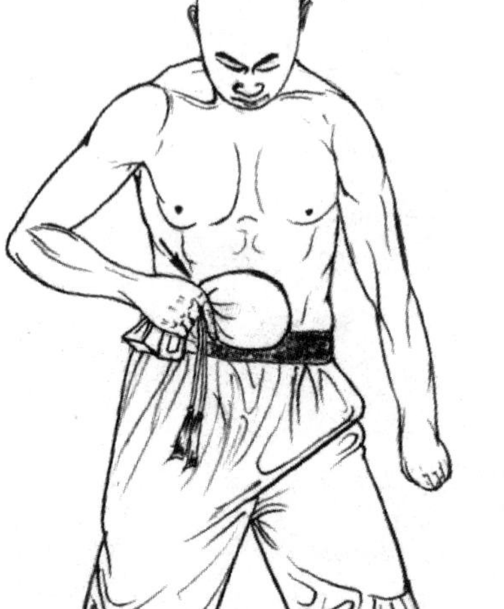

图 3-243

图 3-244

图 3-245

2. 换左手持袋，由右横打至肚腹左；右手掩护外阴；左手再自小腹左打起，从左腿里面打至左脚踝，左脚趾侧止。此为左脚里面。（图 3-245 ~ 图 3-250）

图 3-246

图 3-247

图 3-248

图 3-249

图 3-250

（八）伏膝

1. 左弓步；右手持袋，按在左大腿面中间；左手按于袋上，吞气 1 口。（图 3−251）

2. 两手持袋，从头顶上方绕过打左脊（膂）柱 20 下。（图 3−252）

图 3−252

图 3−251

3. 换成右弓步；右手伏膝；用左手持袋，反手打背脊膂下，依次至左腰眼。随即将手一转，顺打至左臀、左大腿、左胭窝、左腿肚，到左脚踝止。此为左脚后面。（图 3–253）

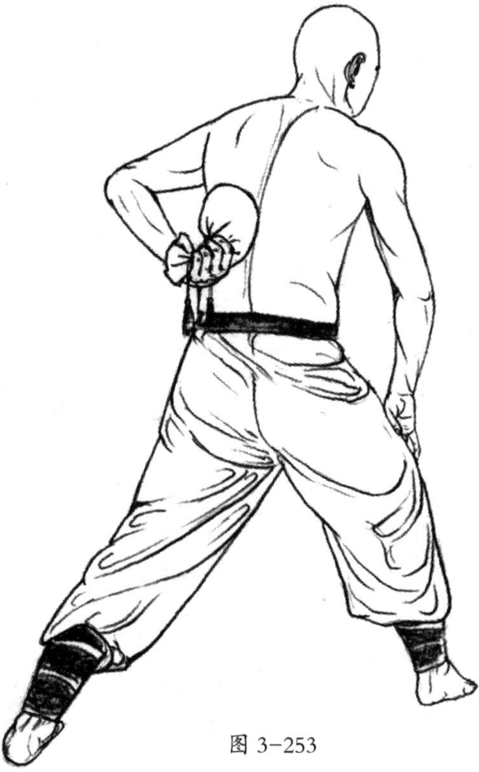

图 3–253

图 3-254

（九）右侧操袋法

右手持袋操打身体右侧。方法与左侧相同，唯方向相反。（图 3-254 ~ 图 3-330）

图 3-255

图 3-256

图 3-257

图 3-258

图 3-259

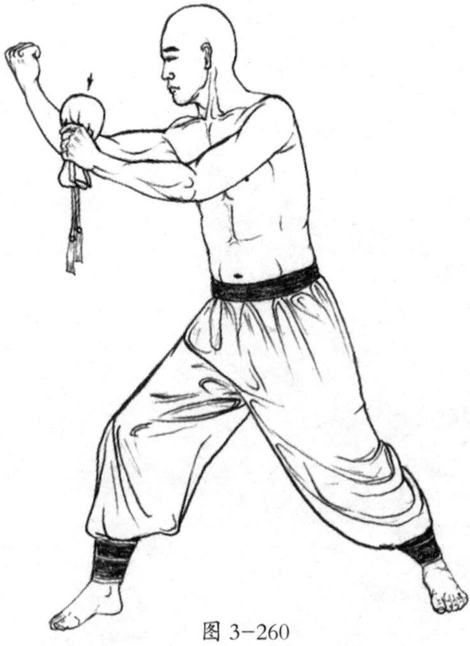
图 3-260

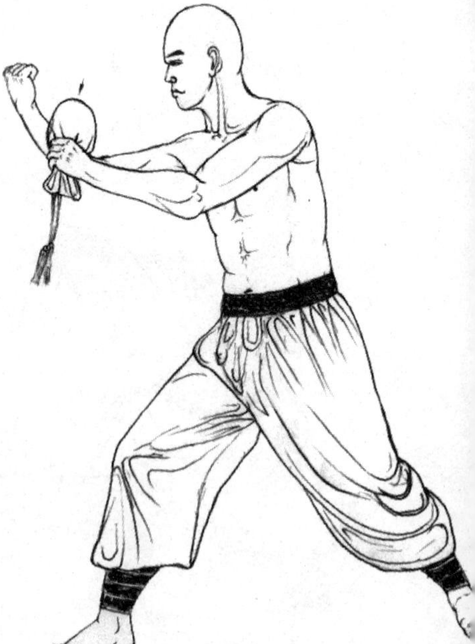
图 3-261

图 3-262

图 3-263

图 3-264

图 3-265

图 3-266

图 3-267

图 3-268

图 3-269

图 3-270

图 3-271

图 3-272

图 3-273

图 3-274

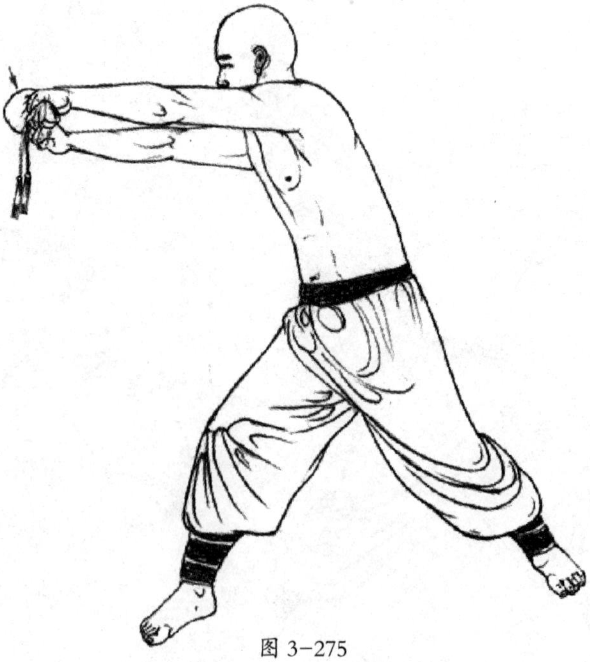

图 3-275

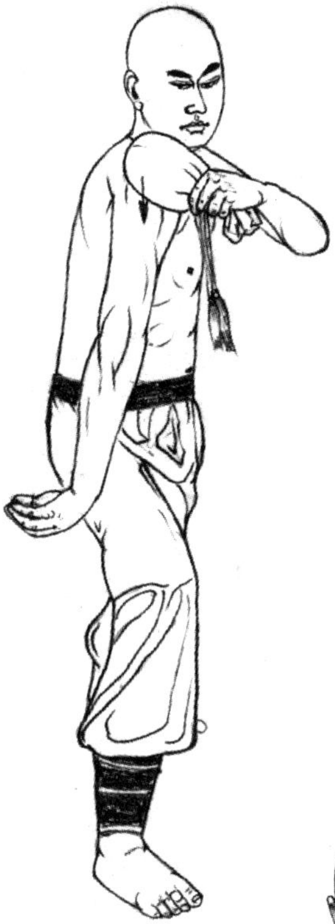

图 3-276

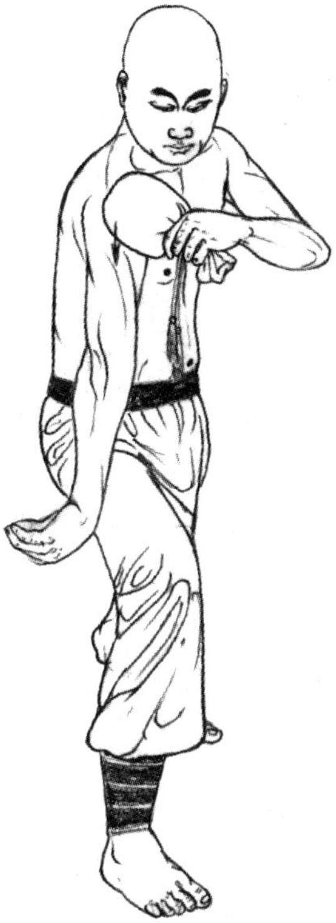

图 3-277

图 3-278

图 3-279

图 3-280

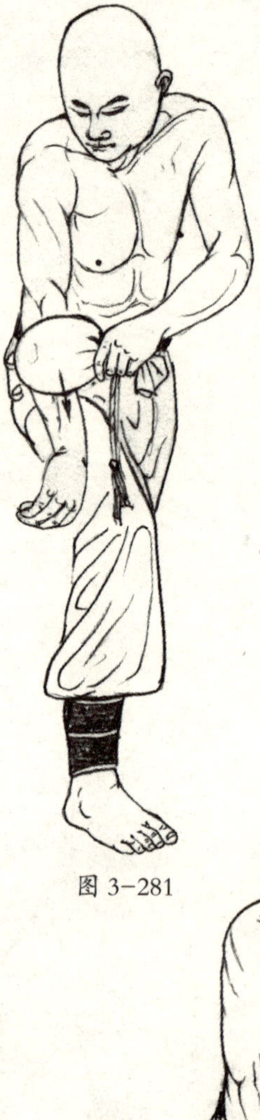

图 3-281

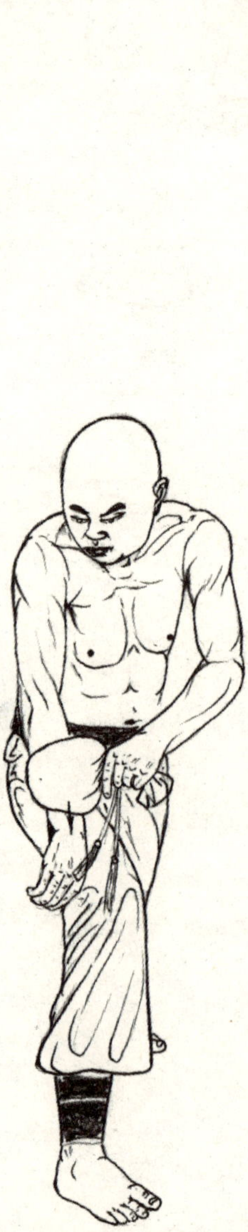

图 3-282

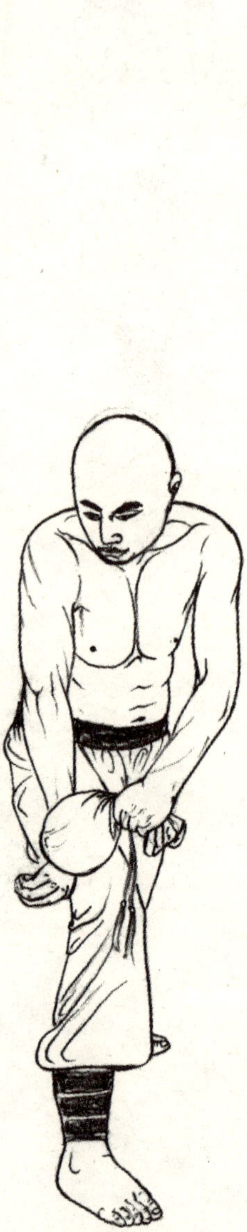

图 3-283

图 3-285

图 3-284

图 3-287

图 3-286

图 3-288

图 3-289

图 3-290

图 3-291

图 3-292

图 3-293

图 3-294

图 3-295

图 3-296

图 3-297

图 3-298

图 3-299

图 3-300

图 3-301

图 3-302

图 3-303

图 3-304

图 3-305

图 3-306

图 3-307

图 3-308

图 3-309

图 3-310

图 3-311

图 3-312

图 3-313

图 3-314

图 3-315

图 3-316

图 3-317

图 3-318

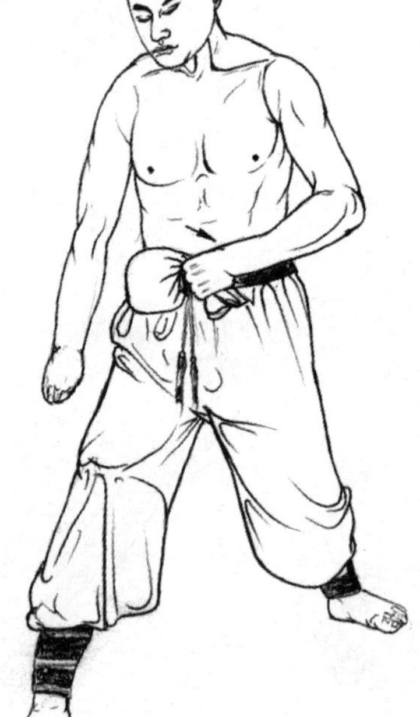
图 3-319

图 3-320

图 3-321

图 3-322

图 3-323

图 3-325

图 3-324

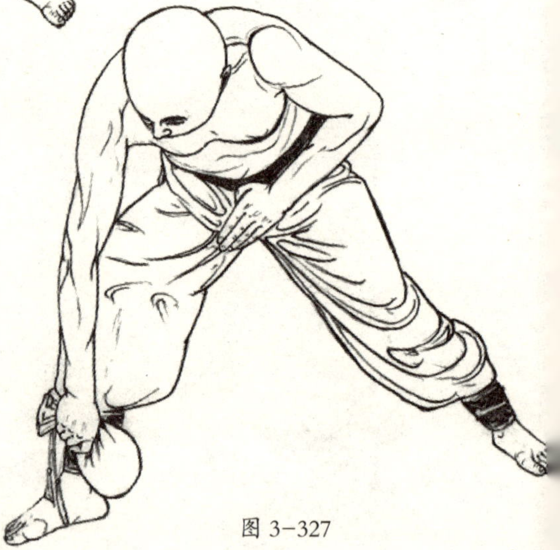

图 3-327

图 3-326

图 3-328

图 3-329

图 3-330

第四章　神勇功

神勇功，属外壮功之一种。内外兼修，方为全功，前面内壮功法修炼有成，则可再习神勇功，既成外壮，又增内壮，相得益彰。

第一节 练手功

1. 将地骨皮和食盐加水煎沸，装入盆中，当手能承受其热度时，把两手放入汤中浸泡。（图 4-1）

2. 两手在汤药中浸泡揉搓后取出，不要擦拭，乘汤药的热度，两手以腕为支点进行甩摆摇动，力达指尖，直至两手汤药液自干。（图 4-2、图 4-3）

3. 然后，做握拳、伸指，共计伸缩 36 次。（图 4-4、图 4-5）

图 4-1

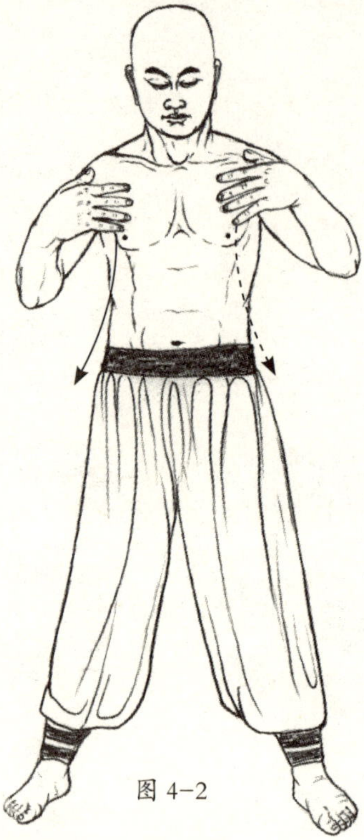

图 4-2

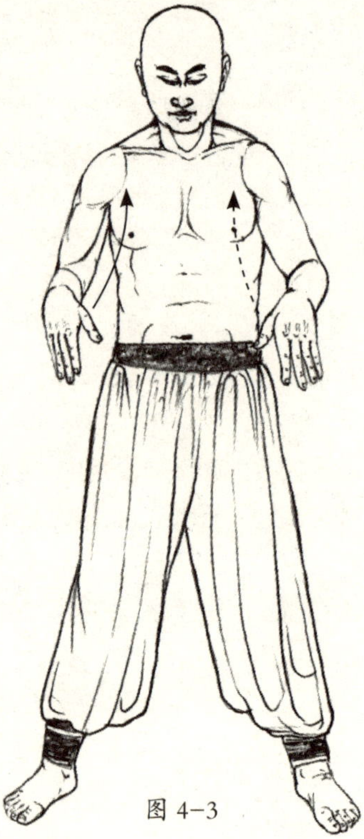

图 4-3

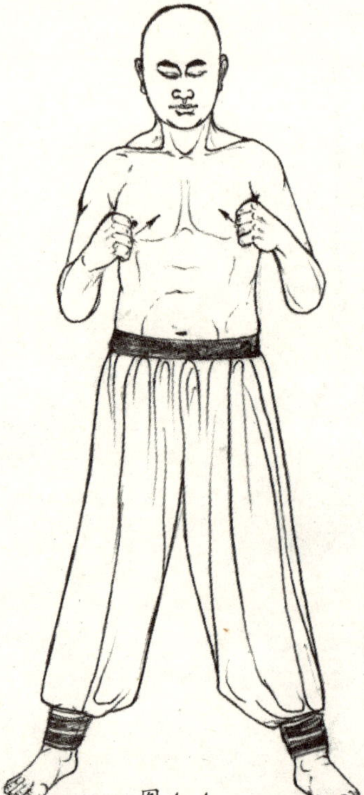

图 4-4

图 4-5

4. 再将黑豆与绿豆各十斤拌匀，装于盆中。用抓、插、握等法进行练手，不计次数，直至两手疲乏而歇息。（图 4–6、图 4–7）

古谱载：

取二豆能解火气，又取磨砺坚其皮肤。如此百日，兼置小圆石子插之，至于久久，则从前所积之气通行至手，其皮肉筋膜相得合一，而无丝毫之浮游。不用时与常人无异，用时意之所至坚于铁石，并掌可破牛腹，侧掌可断牛颈，拙拳可碎虎脑。

盖其神力从内中出，与世俗外壮迥乎不同故也。至于内外之殊，看筋可辨。内壮者其筋条畅，其皮细腻而力极重。若外壮者其皮粗老，其筋浮于皮外，盘结如蚯蚓，而力则不神，此可见内壮之所以足贵矣。

图 4–6

图 4–7

第二节 神勇八法

古谱载：

内壮既成，骨力坚凝，引达于外，先练两手，逾百日。动静俱成，内壮完全，外更加此八法，使力充周身，其法：曰提、曰举、曰推、曰拉、曰抓、曰按、曰荡、曰坠。

常于大树之旁，依次行之，周而复始，不计遍数，暇则习之，久久愈神也！

八法若逐字单行，以次相及，更为专精，从其所便可也。

此法使用着手实力，与动功虚实不同，故须于大树旁习之。提、举用石，由轻而重；推则就树身；拉、抓、按皆就树之大枝；荡则攀树横枝，悬其身而荡之；坠则攀枝放手而仰坠，运气于背，着地即起，所谓“跌熊膘法”即此。

【练习方法】

选择在树林之中，此处地面或平或陡都可，树木应繁茂、粗壮细小齐全。若此处地面有石块，石块应大小不一，形状各异。

一、提

用一手或两手提住石块，一升一降进行练习。石块选择由轻至重，练习日久，力量自显。（图4-8）

图 4-8

二、举

单手或双手托举石块进行练习。（图 4-9）

三、推

选择一棵粗壮的大树，用一掌或双掌推击树干。发力方法有两种：一是以掌面贴住树干发力；一是当掌面距树干一定的距离时，再向前发力推击树干。（图 4-10）

图 4-9

图 4-10

图 4-11

四、拉

选择较为粗壮的枝干，一手握住枝干梢端，进行横拉、竖拉、下拉的练习。（图 4-11）

五、抓

两手成爪，任意抓击树干进行练习。（图 4-12）

图 4-12

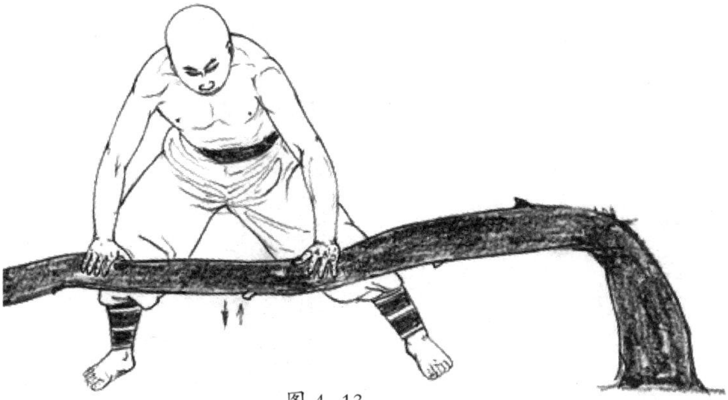

图 4-13

六、按

选择自己能按下的树干，树干质地要有弹性，双手按住树干一紧一松，日久臂力自生。（图 4-13）

七、荡

选择较为坚实的大树干横枝，以纵身就可攀住的高度为宜。两手攀住横枝，身体悬空，自由荡摆。手臂力乏时下地休息。单手、双手荡法自由替换。（图 4-14、图 4-15）

图 4-14

图 4-15

八、坠

此法主要练习人体背部功夫，是地面跌、扑、翻、滚以及倒功的进一步提高。开始练习时大树横枝与地面的距离不宜过高。

1. 两手攀住横枝将身体悬荡。（图 4-16）

2. 突然松手落下，上体后仰，用背部着地，两臂左右张开（收颌，防止后脑着地）。一定要选择松软的地面，以免受伤。（图 4-17）

图 4-16

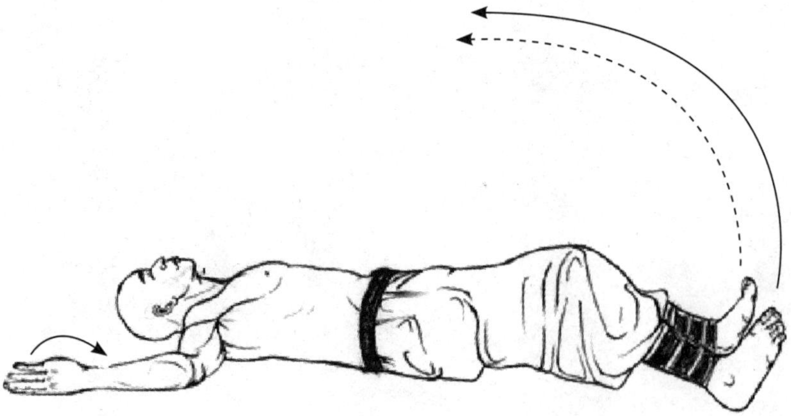

图 4-17

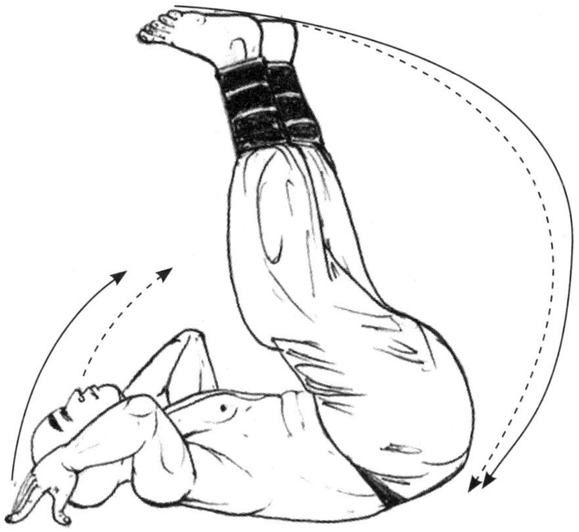

图 4-18

3. 借背部着地之势，两腿往上一举，迅疾以“鲤鱼打挺”翻身而起。（图 4-18、图 4-19）

图 4-19

第三节　神勇硬功

古谱载：

内外两全方称神勇，自后常于演练，勿轻放逸。更择园林树木之大且茂处，任意演练八法，兼练两足踢、蹋、勾、扫诸势。或择山野挺立大石，秀润殊众者，时就其旁演习之外，如遇有苍松、古柏、高山、大壑之处，大风、大雨、海奔、泉涌之时，即行练习。

盖取物之精英，与天地奋溢之气，助吾精气，则体更坚固而不摇矣。（图 4-20）

图 4-20

一、白猿走壁

1. 距大树前约 5 米站立，合十调息，目注树干。（图 4-21）

2. 助跑向前，两脚连环交替踩踏树干上升。（图 4-22、图 4-23）

图 4-21

图 4-22

图 4-23

3. 当感觉两脚不能前行时，脚前掌一蹬树干，借势后空翻落地，两脚成左弓步立稳。（图 4–24 ～图 4–26）

图 4–24

图 4–25

图 4–26

二、推山入海

右垫步进身，双掌向下一收，右脚跨前一步接近树干，双掌推击树干。（图 4-27）

三、肩靠

1. 两脚跳换步，左腿前弓，左肩膀外侧靠向树干。（图 4-28）

图 4-27

图 4-28

2. 身向左收，右肩膀内侧向前靠撞树干。（图 4−29）

3. 上身一收，再用右肩峰（肩井部）靠撞树干。（图 4−30）

图 4−29

图 4−30

4. 收身，左脚向右收步，右转身，右脚向树干退步，借势用右后肩膀靠撞树干。（图 4-31）

四、倒拔杨柳

右臂顺着树干向下缠抱，右转体，左脚绕树干转大半周，两臂缠抱树干，意欲将树连根拔起。（图 4-32）

图 4-31

图 4-32

五、野牛蹭痒

1. 松开双臂，上体左转，两脚换位，背对大树，含颌、紧背，上体向后倒，背撞树干。（图 4–33）

2. 以背部撞树的反弹力向前正身，臀部向后撅，撞击树干。（图 4–34）

图 4–33

图 4–34

3. 左脚移动一小步，臀部一收，略有转身，右臀部撞击树干。（图 4-35）

4. 左脚向右插步，右脚向右进步，上体略左转，左臀部撞击树干。（图 4-36）

5. 左脚向后退步，面对树身之际，右膝提起，横击树干。（图 4-37）

图 4-35

图 4-36

图 4-37

六、水牛摆角

1. 右脚落步，左脚前上步，上体右转，以左前臂、肘部及手背用旋裹劲靠击树干。（图 4-38）

2. 左转体，右肘横打树干。（图 4-39）

图 4-38

图 4-39

3. 双脚换跳步成右弓步，右前臂、肘部、手背用旋裹劲靠击树干。（图 4-40）

4. 换跳步成左弓步，左肘横打树十。（图 4-41）

图 4-40

图 4-41

5. 左弓步不变，右肘前挑树干。（图 4−42）

6. 收右肘，左肘前挑树干。（图 4−43）

7. 收左肘，右肘横打树干。（图 4−44）

图 4−42

图 4−43

图 4−44

图 4-45

图 4-46

七、吴刚伐桂

1. 右肘向上收，转臂，右掌向下斜砍树干，掌心向上，高与腰平。（图 4-45）

2. 右掌侧收，向上斜砍树干，高与头平，指尖斜向上。（图 4-46）

3. 收右掌，左掌向前托击树干，高于头额。（图 4-47）

图 4-47

图 4-48

图 4-49

八、大蟒显威

1. 上体向左旋转，右腿鞭踢向树干，右脚高与裆平。（图 4-48）

2. 右脚向后落步，右旋身，左腿鞭踢击树干，左脚高与裆平。（图 4-49）

3. 左脚尚未落地时，上体向左旋，右脚弹地而起，鞭踢树干上段，整个身体悬空。（图 4-50）

图 4-50

九、蜈蚣跳

身体在空中左转，双掌及两脚前掌着力落地，成俯卧状。然后，双掌及两脚尖为力点，以弹力将身体腾离地面（高度以自身功力为限），双掌为圆心点，双脚点为圆边线，连续弹跳一周至起点止。（图 4-51）

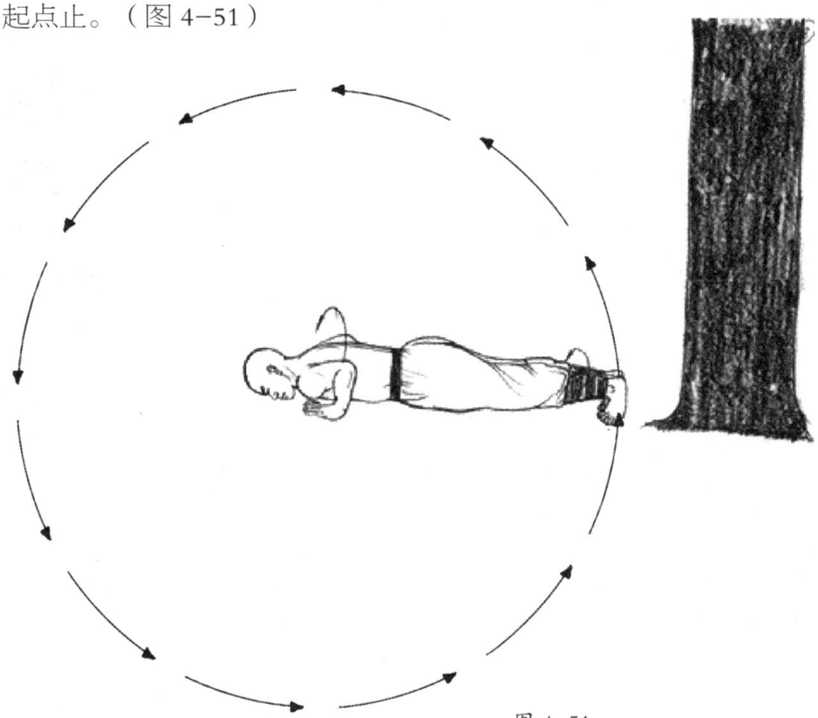

图 4-51

十、鲤鱼打挺

1. 接上势，手脚弹力迅速翻身，身体平躺。（图 4-52）

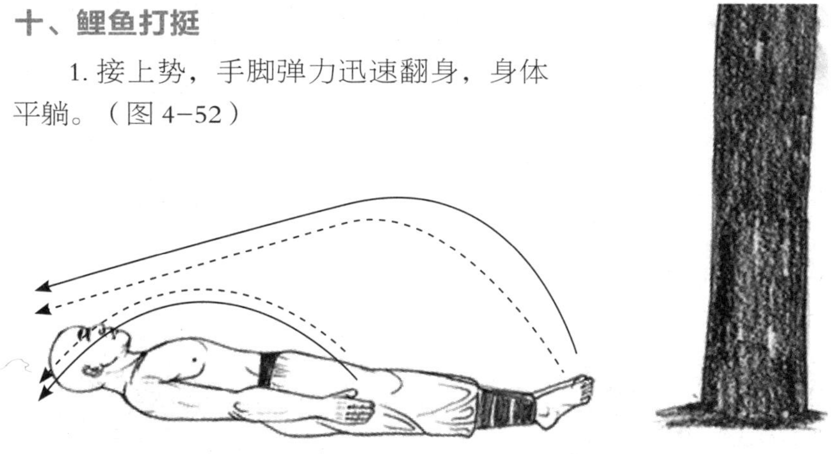

图 4-52

2. 两手向上收至头部两侧，屈肘，翻掌撑于地面，两腿向上翻起过头。（图 4−53）

3. 双脚迅速向臀下地面收落，借助双手撑劲、腰腹弹力，使上身乘势而起。（图 4−54）

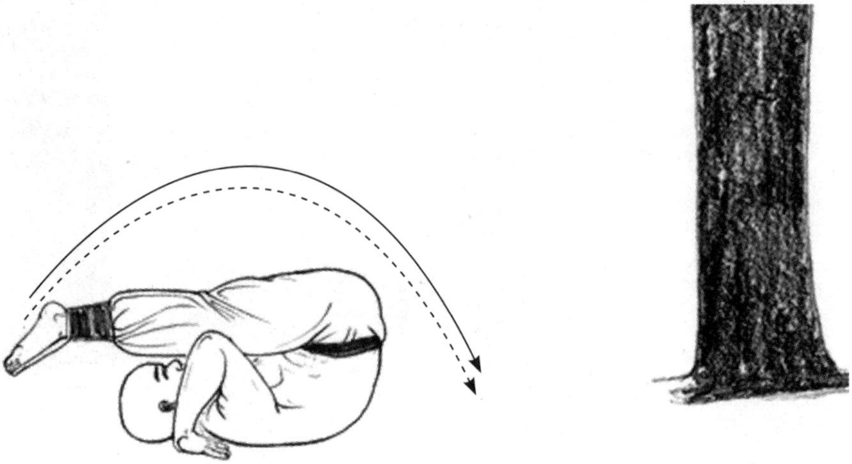

图 4−53

图 4−54

十一、鹞子穿林

1. 左脚蹬地收膝上提，使身体腾空；右脚乘势在空中蹬击树干。（图 4–55）

2. 左脚落地，接着右脚落地。右脚落地之际，上提略左旋，左脚向后上方反撩，用脚掌拍击树干；上身前俯，身体要稳。（图 4–56）

图 4–55

图 4–56

图 4-57

十二、猛虎剪尾

1. 左脚向左后侧落地，上体左转，成左弓步稳住身形；两臂前后斜伸，掌心向下，目视左前方。（图 4-57）

2. 左转体，提起右脚随转体向树干铲踢，高与左胫平。（图 4-58）

图 4-58

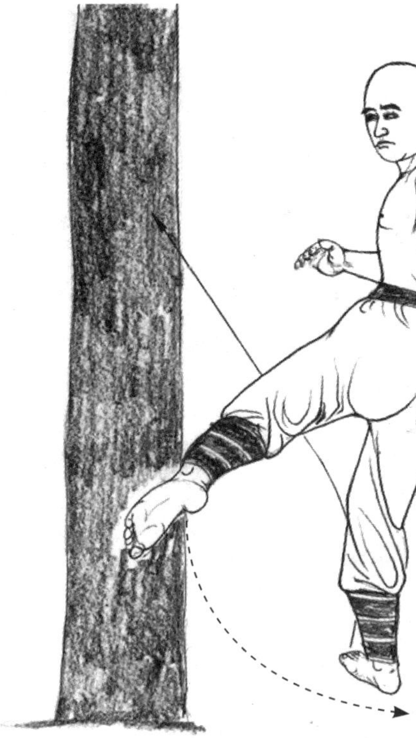

3. 右脚向后收落地，左低鞭腿踢击树干。（图4-59）

4. 左脚向后收落地，上体左转，右腿弹地而起，高腿踹击树干，右脚高过头顶；上体向左倾斜，身体要稳。（图4-60）

图 4-59

图 4-60

十三、盲僧扣门

1. 上体左转，侧对树干，右脚向后落地，后滑步，左手一抬，摆个架势对着树干。（图 4-61）

2. 上体略向左转，右脚踹击树干。（图 4-62）

图 4-61

图 4-62

3. 右脚收于左脚内侧，随即，左腿正蹬树干。（图 4–63）

图 4–63

十四、雄狮戏鹿

左脚收于右脚内侧，右脚迅疾向右侧摆步，面对树干，两脚绕步而行。围着树干行走近一圈时，左脚向树干跨进一步，右掌拍击树干，高与颔平。（图 4–64 ~ 图 4–67）

图 4–64

图 4-65

图 4-66

图 4-67

十五、二鬼拍门

1. 右掌一收，右鞭腿迅疾踢向树干，高与腹平。（图 4-68）

2. 右脚收于左脚内侧，左脚收膝正蹬树干，高与腹平。（图 4-69）

图 4-68

图 4-69

图 4-70

十六、铁鞭扫堂

1. 左脚向右脚前侧落地，迅速沉身下蹲，右转体，双掌按地，右腿伸直擦地后扫，用脚后跟及小腿部扫击树干近地面处。（图 4-70）

2. 右脚收于左脚内侧，随即左转，左腿伸直向左后擦地扫击树干近地面处。（图 4-71）

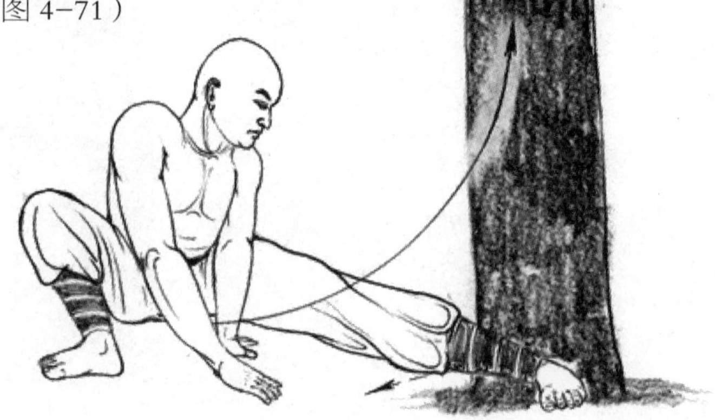

图 4-71

十七、铁臂靠柱

1. 收左脚，立起上身成左弓步，右手前臂内裹，用外侧打击树干。（图 4–72）

2. 右臂回收后，迅速向上反臂横击树干。（图 4–73）

3. 左脚退于右脚内侧，并步正身直立；两掌合十于胸前；呼吸自然，目视树干。（图 4–74）

图 4–72

图 4–73

图 4–74

附

【清代祝文澜《少林拳术精义》序】

是书旧有家藏本，云是金阊名师张大用所留。

张为一时技击之雄，名列天下十八名师中第三手。探手能拈翔燕，志其左右足爪之尖，十不失一。腾身取游空之蜻蜓，翅足无损。手不畏刀斧，视寻常锋利如枯朽物。间弄器杖，疾于飙轮闪电，满堂猎猎风生。

然不轻试其技，暇多默坐，好观史鉴等书。作书恒以左手，问之曰：“右手太便着力，时恐笔杆裂碎耳。”为人持重寡言，笑而温厚谦和，不形精悍之色，足迹半天下。

澜先伯父鹤一公，少时好客，张尝来游，留止八灶老屋之怀德堂。人未尝敢与角技，或有诚心求教者，则诲人不倦。时同客有洪卿云者，新安人，勇力绝伦，而少年自恃，有所凌轹。堂叔宝传心嫉之，因激洪，而使迁怒于张。时张倚柱而立，洪出不意拳张，环坐多人，俱未见张举手，而洪已跌去丈余。张微笑倚柱自若，洪既起立，不解其跌之之由，因心折张，拜为弟子，且自是顿改旧习矣。

后年余，张与俱去，先君子及同堂伯叔多与张游，因得其所留书，遗至于今。间尝取玩，而觉其立论之精妙，张诚得力于此，宜其技之神矣。而初不知其中犹有未全也。甲戌之秋，在妹婿姚瀛三斋，捡故纸堆，得一册正是此经，较家藏本多吐纳、内功、动静二功、汤药方共六段。而序文二篇、总论四段并后跋，则藏本有，而姚本悉无。且其次序错乱，字句脱误，以故融处或迷，殊难绎其端绪，携归参考。缘藏本诸论精确，原委详明，乃得识其次序，齐其异同，证其讹误，校雠之际，因悟张之缺此数段者，盖慎重其道，留以口授耳。遂合而辑之，竟成全书，幸何如也。

夫使张公口授有传，则所留本无不全，其不大善？！然使不留，或留亦多错，虽得姚本，又安所参考耶！则是编之得成全书者，实张公之惠也。故序辑合之由，而以所闻于父兄者，详记其人云。

嘉庆二十年岁次乙亥二月 祝文澜谨志

【《侠谈》陆士谔（清）】

技击之盛，以清乾隆时为最，当时天下十八名师，南中居其九，甘凤池为之首。甘之事，妇孺皆知，不必述。

余所闻金阊名师张大用，名列十八名师中第三手。张得少林嫡派真传，其技超群逸伦：探手能拈翔燕，志其左右足爪之尖，十不失一；腾身取游空之蜻蜓，翅足无损；手不畏刀斧，视寻常锋利如枯朽物；酒酣耳热，间弄器仗，疾于飙轮闪电，满堂猎猎风生。然不轻试其技。

时吴江名医徐灵胎，以好客闻江湖，其洄溪别墅中，谈兵说剑之流常满座。客有黄时者，北方之强也，孔武有力，且精拳技，自负其能，只身南游，欲与第一名师甘凤池较，思驾甘而上之。会甘他适，暂客洄溪，盖有待也。

灵胎晨兴偶步，闻汲水声自园中出，怪曰："园中太平井，夙戒僮辈勿汲，谁违吾命者？"趋之，则见一人方俯井汲，旁无桶勺之属，其人颇不累僮仆，因呼之曰："谁汲吾太平水？"其人回头，则黄时也。

骇问客何为？黄曰："仆做朝课，不意为主人所见，练习此拳已二十载。"徐曰："君且做课，余欲一觇绝技也。"黄闻言，即伸臂入井，作抓拿状，陡见井泉怒涌，白沫上喷，几欲溢出井外。

徐大骇，问此技从何做起。黄曰："大难大难，为之非一日也。余初习此技，师以油灯一盏，令向火挥拳，拳风扇火，摇摇欲灭。灯灭则加芯焉，由一茎草渐加至七茎草。拳至火灭，始令易火为水，汲水一桶拳之，未及水即收往。初仅桶水微波，继而水涌渐猛，至一拳下击，水中一洞贯底，始易向井挥拳。初仅井泉微动，继而激动渐甚，至井泉一洞贯底，始易抓水上涌，勤行不怠，二十年如一日。"徐赞曰："绝技也！寻丈外飞鸟，遇君无能免矣。"黄微笑。

越日，张大用来访。徐、张本旧相识，欢叙方浓，黄时突入，乘张不备，奋拳击其后，徐瞥见骇绝，思起排解已不及。至此千钧一发间，有声訇然，一人仆寻丈外。视之黄也，肱伤矣。张则谈笑自如，满堂宾客，未见其动手也。

众扶黄起。黄长跪张前，愿折节为弟子，张笑曰："吾宗以退让为主，子豪气未除，何可收也。"黄崩角（注：指叩头）称知罪，且誓收过。张掖之起，先为医肱，一举手而肱愈矣。

因讯以何事南下，黄具述所以，张曰："甘师拳技，胜余十倍，汝幸遇余，倘遇甘师，残废一生矣。"黄舌挢不能下，遂从张习艺，终身自视欿然矣。

灵胎因之大悟。方徐学医初成，非薄时贤，目空一世，时苏州叶天士负盛名，徐特赁屋叶宅对门，榜曰"吴江徐某，善视叶天士回绝各症"。狂气逼人，叶则目笑存之。及是大悔，穷研伤寒类方等医术八种，成为一代名医。

陆士谔曰："昔人观舞剑，因悟作草，若徐洄溪者，可谓善悟矣！"